《专利法》第三次修改导读

国家知识产权局条法司 编

知识产权出版社

内容提要

本书对《专利法》第三次修改的各个修改点作了简要说明，方便人们学习、理解和正确执行修改后的《专利法》。

责任编辑：李　琳　王　欣　　**责任校对：**董志英
装帧设计：美光制版　　　　　　**责任出版：**卢运霞

图书在版编目(CIP)数据

《专利法》第三次修改导读/国家知识产权局条法司编．北京：知识产权出版社，2009.3（2009.3 重印）（2009.6 重印）（2009.10 重印）（2010.3 重印）（2011.8 重印）（2014.2 重印）（2016.3 重印）

ISBN 978-7-80247-433-8

Ⅰ．专…　Ⅱ．国…　Ⅲ．专利权法－基本知识－中国
Ⅳ．D923.42

中国版本图书馆 CIP 数据核字（2009）第 020550 号

《专利法》第三次修改导读
国家知识产权局条法司　编

出版发行：知识产权出版社	
社　　址：北京市海淀区马甸南村 1 号院	邮　编：100088
网　　址：http://www.ipph.cn	邮　箱：bjb@cnipr.com
发行电话：010-82000893　82000860 转 8101	传　真：010-82000893
责编电话：010-82000887　82000860 转 8118	责编邮箱：lilin@cnipr.com
印　　刷：北京科信印刷有限公司	经　销：新华书店及相关销售网点
开　　本：880mm×1230mm　1/32	印　张：4.25
版　　次：2009 年 3 月第 1 版	印　次：2016 年 3 月第 8 次印刷
字　　数：112 千字	定　价：12.00 元

ISBN 978-7-80247-433-8/D·766（2458）

版权所有　侵权必究
如有印装质量问题，本社负责调换。

前　言

2008年12月27日,第十一届全国人大常委第六次会议通过了《关于修改〈中华人民共和国专利法〉的决定》,胡锦涛主席签署第八号主席令,公布该决定,并宣布修改后的《专利法》自2009年10月1日起施行。这是中国专利制度发展史上又一个重要的里程碑,标志着中国专利制度的发展进入日臻完善的新阶段。

1984年3月12日,在以邓小平同志为核心的党的第二代领导集体的亲切关怀下,经过五年多的曲折、反复和孕育,《中华人民共和国专利法》在第六届全国人大常委会第四次会议上通过,从此揭开了我国专利事业的序幕。二十多年来的实践证明,专利制度对于鼓励发明创造,促进发明创造的推广应用,推动我国经济社会的全面发展,发挥了不可替代的作用。

1992年9月,在建立中国特色社会主义市场经济体制的时代背景下,为落实《中美知识产权保护备忘录》中的承诺,我国对《专利法》进行了第一次修改。这次修改扩展了专利保护的技术领域,简化了授权前的程序,延长了专利权的保护期限,强化了专利权人的权利。2000年8月,为适应我国加入世界贸易组织的形势需要,更有效地发挥专利制度促进科技创新和经济社会发展的作用,我国对《专利法》进行了第二次修改。这次修改取消了撤销程序,取消了专利复审委员会对实用新型和外观设计的终局决定权,赋予专利权人禁止他人许诺销售发明或者实用新型专利产品的权利,调整了职务发明创造权利归属的规定,增加了有关诉前临时措施的规定。第二次修改后的《专利法》不仅完全与世界贸易组织有关规则一致,而且更重要的是适应了我国完善社会主义市场经济体制的需要。

2008年12月，为提高自主创新能力、建设创新型国家，推动我国经济社会的全面发展，全国人大常委会再一次决定对《专利法》进行修改。本次修改的主要内容包括：提高授予专利权的条件；转变政府职能，为社会公众提供更好的服务；完善强制许可制度，维护公共健康；加强对专利权的保护，同时维护公众的合法权益。本次《专利法》修改呈现出以下鲜明特点：第一，与前两次修改主要注重引进外资和外国先进技术不同，本次修改呼应了贯彻落实科学发展观、转变经济发展方式的时代要求，立足于提高我国的创新能力，促进我国科技进步和经济社会的全面发展；第二，与前两次主要应对对外承诺、与国际规则接轨不同，本次修改是在认真总结我国专利工作和专利法制建设二十多年实践经验的基础之上，从解决我国专利制度在实践中出现的问题出发，注重专利权人的利益与公共利益的平衡；第三，国内外各界对本次修改高度关注，参与广度和深度大大提高，立法的开放性、透明度大大增强，"民主立法、科学立法"的精神贯穿本次修改的全过程。

在本次修改工作中，许多专家学者和相关人员积极建言献策，为《专利法修正案》的顺利出台贡献了智慧和力量。在此我们对所有关心支持本次《专利法》修改的各界人士表示衷心的感谢。为便于人们学习、理解和正确执行修改后的《专利法》，我们对各个修改点作了简要说明，并将有关文件汇编成册，期盼为各界人士研读和知晓《专利法》尽绵薄之力。

编　者
2009年2月10日

目　录

中华人民共和国主席令 ……………………………（1）
全国人民代表大会常务委员会关于修改
　《中华人民共和国专利法》的决定 ………………（2）
中华人民共和国专利法 ……………………………（10）
实施国家知识产权战略的重大举措
　——热烈祝贺全国人大常委会关于修改专利法的
　　决定顺利通过 ……………………………………（26）
《专利法》第三次修改逐条说明 ……………………（30）
《专利法》第三次修改大事记 ………………………（91）
《中华人民共和国专利法》修正前后条文对照表 ……（97）

中华人民共和国主席令

第 八 号

《全国人民代表大会常务委员会关于修改〈中华人民共和国专利法〉的决定》已由中华人民共和国第十一届全国人民代表大会常务委员会第六次会议于 2008 年 12 月 27 日通过，现予公布，自 2009 年 10 月 1 日起施行。

中华人民共和国主席 胡锦涛

2008 年 12 月 27 日

全国人民代表大会常务委员会关于修改《中华人民共和国专利法》的决定

(2008年12月27日第十一届全国人民代表大会常务委员会第六次会议通过)

第十一届全国人民代表大会常务委员会第六次会议决定对《中华人民共和国专利法》作如下修改：

一、将第一条修改为："为了保护专利权人的合法权益，鼓励发明创造，推动发明创造的应用，提高创新能力，促进科学技术进步和经济社会发展，制定本法。"

二、在第二条中增加三款，作为第二、三、四款："发明，是指对产品、方法或者其改进所提出的新的技术方案。

"实用新型，是指对产品的形状、构造或者其结合所提出的适于实用的新的技术方案。

"外观设计，是指对产品的形状、图案或者其结合以及色彩与形状、图案的结合所作出的富有美感并适于工业应用的新设计。"

三、将第五条修改为："对违反法律、社会公德或者妨害公共利益的发明创造，不授予专利权。

"对违反法律、行政法规的规定获取或者利用遗传资源，并依赖该遗传资源完成的发明创造，不授予专利权。"

四、在第九条中增加一款，作为第一款："同样的发明创造只能授予一项专利权。但是，同一申请人同日对同样的发明创造既申请实用新型专利又申请发明专利，先获得的实用新型专利权尚未终止，且申请人声明放弃该实用新型专利权的，可以授予发明专利权。"

五、将第十条第二款修改为:"中国单位或者个人向外国人、外国企业或者外国其他组织转让专利申请权或者专利权的,应当依照有关法律、行政法规的规定办理手续。"

六、将第十一条第二款修改为:"外观设计专利权被授予后,任何单位或者个人未经专利权人许可,都不得实施其专利,即不得为生产经营目的制造、许诺销售、销售、进口其外观设计专利产品。"

七、将第十二条修改为:"任何单位或者个人实施他人专利的,应当与专利权人订立实施许可合同,向专利权人支付专利使用费。被许可人无权允许合同规定以外的任何单位或者个人实施该专利。"

八、删除第十四条第二款。

九、增加一条,作为第十五条:"专利申请权或者专利权的共有人对权利的行使有约定的,从其约定。没有约定的,共有人可以单独实施或者以普通许可方式许可他人实施该专利;许可他人实施该专利的,收取的使用费应当在共有人之间分配。

"除前款规定的情形外,行使共有的专利申请权或者专利权应当取得全体共有人的同意。"

十、将第十五条和第十七条合并,作为第十七条:"发明人或者设计人有权在专利文件中写明自己是发明人或者设计人。

"专利权人有权在其专利产品或者该产品的包装上标明专利标识。"

十一、将第十九条第一款修改为:"在中国没有经常居所或者营业所的外国人、外国企业或者外国其他组织在中国申请专利和办理其他专利事务的,应当委托依法设立的专利代理机构办理。"

第二款修改为:"中国单位或者个人在国内申请专利和办理其他专利事务的,可以委托依法设立的专利代理机构办理。"

十二、将第二十条第一款修改为:"任何单位或者个人将在中国完成的发明或者实用新型向外国申请专利的,应当事先报经国务院专利行政部门进行保密审查。保密审查的程序、期限等按照国务院的规定执行。"

增加一款作为第四款："对违反本条第一款规定向外国申请专利的发明或者实用新型，在中国申请专利的，不授予专利权。"

十三、在第二十一条中增加一款，作为第二款："国务院专利行政部门应当完整、准确、及时发布专利信息，定期出版专利公报。"

十四、将第二十二条第二款修改为："新颖性，是指该发明或者实用新型不属于现有技术；也没有任何单位或者个人就同样的发明或者实用新型在申请日以前向国务院专利行政部门提出过申请，并记载在申请日以后公布的专利申请文件或者公告的专利文件中。"

第三款修改为："创造性，是指与现有技术相比，该发明具有突出的实质性特点和显著的进步，该实用新型具有实质性特点和进步。"

增加一款，作为第五款："本法所称现有技术，是指申请日以前在国内外为公众所知的技术。"

十五、将第二十三条修改为："授予专利权的外观设计，应当不属于现有设计；也没有任何单位或者个人就同样的外观设计在申请日以前向国务院专利行政部门提出过申请，并记载在申请日以后公告的专利文件中。

"授予专利权的外观设计与现有设计或者现有设计特征的组合相比，应当具有明显区别。

"授予专利权的外观设计不得与他人在申请日以前已经取得的合法权利相冲突。

"本法所称现有设计，是指申请日以前在国内外为公众所知的设计。"

十六、在第二十五条第一款中增加一项，作为第（六）项："对平面印刷品的图案、色彩或者二者的结合作出的主要起标识作用的设计。"

十七、将第二十六条第二款修改为:"请求书应当写明发明或者实用新型的名称,发明人的姓名,申请人姓名或者名称、地址,以及其他事项。"

第四款修改为:"权利要求书应当以说明书为依据,清楚、简要地限定要求专利保护的范围。"

增加一款,作为第五款:"依赖遗传资源完成的发明创造,申请人应当在专利申请文件中说明该遗传资源的直接来源和原始来源;申请人无法说明原始来源的,应当陈述理由。"

十八、将第二十七条修改为:"申请外观设计专利的,应当提交请求书、该外观设计的图片或者照片以及对该外观设计的简要说明等文件。

"申请人提交的有关图片或者照片应当清楚地显示要求专利保护的产品的外观设计。"

十九、将第三十一条第二款修改为:"一件外观设计专利申请应当限于一项外观设计。同一产品两项以上的相似外观设计,或者用于同一类别并且成套出售或者使用的产品的两项以上外观设计,可以作为一件申请提出。"

二十、将第四十七条第二款修改为:"宣告专利权无效的决定,对在宣告专利权无效前人民法院作出并已执行的专利侵权的判决、调解书,已经履行或者强制执行的专利侵权纠纷处理决定,以及已经履行的专利实施许可合同和专利权转让合同,不具有追溯力。但是因专利权人的恶意给他人造成的损失,应当给予赔偿。"

第三款修改为:"依照前款规定不返还专利侵权赔偿金、专利使用费、专利权转让费,明显违反公平原则的,应当全部或者部分返还。"

二十一、将第四十八条修改为:"有下列情形之一的,国务院专利行政部门根据具备实施条件的单位或者个人的申请,可以给予实施发明专利或者实用新型专利的强制许可:

"（一）专利权人自专利权被授予之日起满三年，且自提出专利申请之日起满四年，无正当理由未实施或者未充分实施其专利的；

"（二）专利权人行使专利权的行为被依法认定为垄断行为，为消除或者减少该行为对竞争产生的不利影响的。"

二十二、增加一条，作为第五十条："为了公共健康目的，对取得专利权的药品，国务院专利行政部门可以给予制造并将其出口到符合中华人民共和国参加的有关国际条约规定的国家或者地区的强制许可。"

二十三、增加一条，作为第五十二条："强制许可涉及的发明创造为半导体技术的，其实施限于公共利益的目的和本法第四十八条第（二）项规定的情形。"

二十四、增加一条，作为第五十三条："除依照本法第四十八条第（二）项、第五十条规定给予的强制许可外，强制许可的实施应当主要为了供应国内市场。"

二十五、将第五十一条改为第五十四条，修改为："依照本法第四十八条第（一）项、第五十一条规定申请强制许可的单位或者个人应当提供证据，证明其以合理的条件请求专利权人许可其实施专利，但未能在合理的时间内获得许可。"

二十六、将第五十四条改为第五十七条，修改为："取得实施强制许可的单位或者个人应当付给专利权人合理的使用费，或者依照中华人民共和国参加的有关国际条约的规定处理使用费问题。付给使用费的，其数额由双方协商；双方不能达成协议的，由国务院专利行政部门裁决。"

二十七、将第五十六条改为第五十九条，修改为："发明或者实用新型专利权的保护范围以其权利要求的内容为准，说明书及附图可以用于解释权利要求的内容。

"外观设计专利权的保护范围以表示在图片或者照片中的该产品的外观设计为准，简要说明可以用于解释图片或者照片所表示的该产品的外观设计。"

二十八、将第五十七条第二款改为第六十一条，修改为："专利侵权纠纷涉及新产品制造方法的发明专利的，制造同样产品的单位或者个人应当提供其产品制造方法不同于专利方法的证明。

"专利侵权纠纷涉及实用新型专利或者外观设计专利的，人民法院或者管理专利工作的部门可以要求专利权人或者利害关系人出具由国务院专利行政部门对相关实用新型或者外观设计进行检索、分析和评价后作出的专利权评价报告，作为审理、处理专利侵权纠纷的证据。"

二十九、增加一条，作为第六十二条："在专利侵权纠纷中，被控侵权人有证据证明其实施的技术或者设计属于现有技术或者现有设计的，不构成侵犯专利权。"

三十、将第五十八条、第五十九条合并为第六十三条，修改为："假冒专利的，除依法承担民事责任外，由管理专利工作的部门责令改正并予公告，没收违法所得，可以并处违法所得四倍以下的罚款；没有违法所得的，可以处二十万元以下的罚款；构成犯罪的，依法追究刑事责任。"

三十一、增加一条，作为第六十四条："管理专利工作的部门根据已经取得的证据，对涉嫌假冒专利行为进行查处时，可以询问有关当事人，调查与涉嫌违法行为有关的情况；对当事人涉嫌违法行为的场所实施现场检查；查阅、复制与涉嫌违法行为有关的合同、发票、账簿以及其他有关资料；检查与涉嫌违法行为有关的产品，对有证据证明是假冒专利的产品，可以查封或者扣押。

"管理专利工作的部门依法行使前款规定的职权时，当事人应当予以协助、配合，不得拒绝、阻挠。"

三十二、将第六十条改为第六十五条，修改为："侵犯专利权的赔偿数额按照权利人因被侵权所受到的实际损失确定；实际损失难以确定的，可以按照侵权人因侵权所获得的利益确定。权利人的损失或者侵权人获得的利益难以确定的，参照该专利许可使用费的倍数合理确定。赔偿数额还应当包括权利人为制止侵权行为所支付的合理开支。

"权利人的损失、侵权人获得的利益和专利许可使用费均难以确定的，人民法院可以根据专利权的类型、侵权行为的性质和情节等因素，确定给予一万元以上一百万元以下的赔偿。"

三十三、将第六十一条改为第六十六条，修改为："专利权人或者利害关系人有证据证明他人正在实施或者即将实施侵犯专利权的行为，如不及时制止将会使其合法权益受到难以弥补的损害的，可以在起诉前向人民法院申请采取责令停止有关行为的措施。

"申请人提出申请时，应当提供担保；不提供担保的，驳回申请。

"人民法院应当自接受申请之时起四十八小时内作出裁定；有特殊情况需要延长的，可以延长四十八小时。裁定责令停止有关行为的，应当立即执行。当事人对裁定不服的，可以申请复议一次；复议期间不停止裁定的执行。

"申请人自人民法院采取责令停止有关行为的措施之日起十五日内不起诉的，人民法院应当解除该措施。

"申请有错误的，申请人应当赔偿被申请人因停止有关行为所遭受的损失。"

三十四、增加一条，作为第六十七条："为了制止专利侵权行为，在证据可能灭失或者以后难以取得的情况下，专利权人或者利害关系人可以在起诉前向人民法院申请保全证据。

"人民法院采取保全措施，可以责令申请人提供担保；申请人不提供担保的，驳回申请。

"人民法院应当自接受申请之时起四十八小时内作出裁定；裁定采取保全措施的，应当立即执行。

"申请人自人民法院采取保全措施之日起十五日内不起诉的，人民法院应当解除该措施。"

三十五、将第六十三条第一款改为第六十九条，第（一）项修改为:"专利产品或者依照专利方法直接获得的产品,由专利权人或者经其许可的单位、个人售出后,使用、许诺销售、销售、进口该产品的;"

增加一项,作为第(五)项:"为提供行政审批所需要的信息,制造、使用、进口专利药品或者专利医疗器械的,以及专门为其制造、进口专利药品或者专利医疗器械的。"

三十六、将第六十三条第二款改为第七十条,修改为:"为生产经营目的使用、许诺销售或者销售不知道是未经专利权人许可而制造并售出的专利侵权产品,能证明该产品合法来源的,不承担赔偿责任。"

本决定自 2009 年 10 月 1 日起施行。

《中华人民共和国专利法》根据本决定作相应修改并对条款顺序作相应调整,重新公布。

中华人民共和国专利法

(1984年3月12日第六届全国人民代表大会常务委员会第四次会议通过 根据1992年9月4日第七届全国人民代表大会常务委员会第二十七次会议《关于修改〈中华人民共和国专利法〉的决定》第一次修正 根据2000年8月25日第九届全国人民代表大会常务委员会第十七次会议《关于修改〈中华人民共和国专利法〉的决定》第二次修正 根据2008年12月27日第十一届全国人民代表大会常务委员会第六次会议《关于修改〈中华人民共和国专利法〉的决定》第三次修正)

第一章 总 则

第一条 为了保护专利权人的合法权益,鼓励发明创造,推动发明创造的应用,提高创新能力,促进科学技术进步和经济社会发展,制定本法。

第二条 本法所称的发明创造是指发明、实用新型和外观设计。

发明,是指对产品、方法或者其改进所提出的新的技术方案。

实用新型,是指对产品的形状、构造或者其结合所提出的适于实用的新的技术方案。

外观设计,是指对产品的形状、图案或者其结合以及色彩与形状、图案的结合所作出的富有美感并适于工业应用的新设计。

第三条 国务院专利行政部门负责管理全国的专利工作;统一

受理和审查专利申请,依法授予专利权。

省、自治区、直辖市人民政府管理专利工作的部门负责本行政区域内的专利管理工作。

第四条 申请专利的发明创造涉及国家安全或者重大利益需要保密的,按照国家有关规定办理。

第五条 对违反法律、社会公德或者妨害公共利益的发明创造,不授予专利权。

对违反法律、行政法规的规定获取或者利用遗传资源,并依赖该遗传资源完成的发明创造,不授予专利权。

第六条 执行本单位的任务或者主要是利用本单位的物质技术条件所完成的发明创造为职务发明创造。职务发明创造申请专利的权利属于该单位;申请被批准后,该单位为专利权人。

非职务发明创造,申请专利的权利属于发明人或者设计人;申请被批准后,该发明人或者设计人为专利权人。

利用本单位的物质技术条件所完成的发明创造,单位与发明人或者设计人订有合同,对申请专利的权利和专利权的归属作出约定的,从其约定。

第七条 对发明人或者设计人的非职务发明创造专利申请,任何单位或者个人不得压制。

第八条 两个以上单位或者个人合作完成的发明创造、一个单位或者个人接受其他单位或者个人委托所完成的发明创造,除另有协议的以外,申请专利的权利属于完成或者共同完成的单位或者个人;申请被批准后,申请的单位或者个人为专利权人。

第九条 同样的发明创造只能授予一项专利权。但是,同一申请人同日对同样的发明创造既申请实用新型专利又申请发明专利,先获得的实用新型专利权尚未终止,且申请人声明放弃该实用新型专利权的,可以授予发明专利权。

两个以上的申请人分别就同样的发明创造申请专利的,专利权授予最先申请的人。

第十条 专利申请权和专利权可以转让。

中国单位或者个人向外国人、外国企业或者外国其他组织转让专利申请权或者专利权的，应当依照有关法律、行政法规的规定办理手续。

转让专利申请权或者专利权的，当事人应当订立书面合同，并向国务院专利行政部门登记，由国务院专利行政部门予以公告。专利申请权或者专利权的转让自登记之日起生效。

第十一条 发明和实用新型专利权被授予后，除本法另有规定的以外，任何单位或者个人未经专利权人许可，都不得实施其专利，即不得为生产经营目的制造、使用、许诺销售、销售、进口其专利产品，或者使用其专利方法以及使用、许诺销售、销售、进口依照该专利方法直接获得的产品。

外观设计专利权被授予后，任何单位或者个人未经专利权人许可，都不得实施其专利，即不得为生产经营目的制造、许诺销售、销售、进口其外观设计专利产品。

第十二条 任何单位或者个人实施他人专利的，应当与专利权人订立实施许可合同，向专利权人支付专利使用费。被许可人无权允许合同规定以外的任何单位或者个人实施该专利。

第十三条 发明专利申请公布后，申请人可以要求实施其发明的单位或者个人支付适当的费用。

第十四条 国有企业事业单位的发明专利，对国家利益或者公共利益具有重大意义的，国务院有关主管部门和省、自治区、直辖市人民政府报经国务院批准，可以决定在批准的范围内推广应用，允许指定的单位实施，由实施单位按照国家规定向专利权人支付使用费。

第十五条 专利申请权或者专利权的共有人对权利的行使有约定的，从其约定。没有约定的，共有人可以单独实施或者以普通许可方式许可他人实施该专利；许可他人实施该专利的，收取的使用费应当在共有人之间分配。

除前款规定的情形外,行使共有的专利申请权或者专利权应当取得全体共有人的同意。

第十六条 被授予专利权的单位应当对职务发明创造的发明人或者设计人给予奖励;发明创造专利实施后,根据其推广应用的范围和取得的经济效益,对发明人或者设计人给予合理的报酬。

第十七条 发明人或者设计人有权在专利文件中写明自己是发明人或者设计人。

专利权人有权在其专利产品或者该产品的包装上标明专利标识。

第十八条 在中国没有经常居所或者营业所的外国人、外国企业或者外国其他组织在中国申请专利的,依照其所属国同中国签订的协议或者共同参加的国际条约,或者依照互惠原则,根据本法办理。

第十九条 在中国没有经常居所或者营业所的外国人、外国企业或者外国其他组织在中国申请专利和办理其他专利事务的,应当委托依法设立的专利代理机构办理。

中国单位或者个人在国内申请专利和办理其他专利事务的,可以委托依法设立的专利代理机构办理。

专利代理机构应当遵守法律、行政法规,按照被代理人的委托办理专利申请或者其他专利事务;对被代理人发明创造的内容,除专利申请已经公布或者公告的以外,负有保密责任。专利代理机构的具体管理办法由国务院规定。

第二十条 任何单位或者个人将在中国完成的发明或者实用新型向外国申请专利的,应当事先报经国务院专利行政部门进行保密审查。保密审查的程序、期限等按照国务院的规定执行。

中国单位或者个人可以根据中华人民共和国参加的有关国际条约提出专利国际申请。申请人提出专利国际申请的,应当遵守前款规定。

国务院专利行政部门依照中华人民共和国参加的有关国际条

约、本法和国务院有关规定处理专利国际申请。

对违反本条第一款规定向外国申请专利的发明或者实用新型，在中国申请专利的，不授予专利权。

第二十一条　国务院专利行政部门及其专利复审委员会应当按照客观、公正、准确、及时的要求，依法处理有关专利的申请和请求。

国务院专利行政部门应当完整、准确、及时发布专利信息，定期出版专利公报。

在专利申请公布或者公告前，国务院专利行政部门的工作人员及有关人员对其内容负有保密责任。

第二章　授予专利权的条件

第二十二条　授予专利权的发明和实用新型，应当具备新颖性、创造性和实用性。

新颖性，是指该发明或者实用新型不属于现有技术；也没有任何单位或者个人就同样的发明或者实用新型在申请日以前向国务院专利行政部门提出过申请，并记载在申请日以后公布的专利申请文件或者公告的专利文件中。

创造性，是指与现有技术相比，该发明具有突出的实质性特点和显著的进步，该实用新型具有实质性特点和进步。

实用性，是指该发明或者实用新型能够制造或者使用，并且能够产生积极效果。

本法所称现有技术，是指申请日以前在国内外为公众所知的技术。

第二十三条　授予专利权的外观设计，应当不属于现有设计；也没有任何单位或者个人就同样的外观设计在申请日以前向国务院专利行政部门提出过申请，并记载在申请日以后公告的专利文件中。

授予专利权的外观设计与现有设计或者现有设计特征的组合相比,应当具有明显区别。

授予专利权的外观设计不得与他人在申请日以前已经取得的合法权利相冲突。

本法所称现有设计,是指申请日以前在国内外为公众所知的设计。

第二十四条 申请专利的发明创造在申请日以前六个月内,有下列情形之一的,不丧失新颖性:

(一)在中国政府主办或者承认的国际展览会上首次展出的;

(二)在规定的学术会议或者技术会议上首次发表的;

(三)他人未经申请人同意而泄露其内容的。

第二十五条 对下列各项,不授予专利权:

(一)科学发现;

(二)智力活动的规则和方法;

(三)疾病的诊断和治疗方法;

(四)动物和植物品种;

(五)用原子核变换方法获得的物质;

(六)对平面印刷品的图案、色彩或者二者的结合作出的主要起标识作用的设计。

对前款第(四)项所列产品的生产方法,可以依照本法规定授予专利权。

第三章 专利的申请

第二十六条 申请发明或者实用新型专利的,应当提交请求书、说明书及其摘要和权利要求书等文件。

请求书应当写明发明或者实用新型的名称,发明人的姓名,申请人姓名或者名称、地址,以及其他事项。

说明书应当对发明或者实用新型作出清楚、完整的说明,以所属技术领域的技术人员能够实现为准；必要的时候，应当有附图。摘要应当简要说明发明或者实用新型的技术要点。

权利要求书应当以说明书为依据，清楚、简要地限定要求专利保护的范围。

依赖遗传资源完成的发明创造，申请人应当在专利申请文件中说明该遗传资源的直接来源和原始来源；申请人无法说明原始来源的，应当陈述理由。

第二十七条 申请外观设计专利的，应当提交请求书、该外观设计的图片或者照片以及对该外观设计的简要说明等文件。

申请人提交的有关图片或者照片应当清楚地显示要求专利保护的产品的外观设计。

第二十八条 国务院专利行政部门收到专利申请文件之日为申请日。如果申请文件是邮寄的，以寄出的邮戳日为申请日。

第二十九条 申请人自发明或者实用新型在外国第一次提出专利申请之日起十二个月内，或者自外观设计在外国第一次提出专利申请之日起六个月内，又在中国就相同主题提出专利申请的，依照该外国同中国签订的协议或者共同参加的国际条约，或者依照相互承认优先权的原则，可以享有优先权。

申请人自发明或者实用新型在中国第一次提出专利申请之日起十二个月内，又向国务院专利行政部门就相同主题提出专利申请的，可以享有优先权。

第三十条 申请人要求优先权的，应当在申请的时候提出书面声明，并且在三个月内提交第一次提出的专利申请文件的副本；未提出书面声明或者逾期未提交专利申请文件副本的，视为未要求优先权。

第三十一条 一件发明或者实用新型专利申请应当限于一项发明或者实用新型。属于一个总的发明构思的两项以上的发明或者实用新型，可以作为一件申请提出。

一件外观设计专利申请应当限于一项外观设计。同一产品两项以上的相似外观设计，或者用于同一类别并且成套出售或者使用的产品的两项以上外观设计，可以作为一件申请提出。

第三十二条 申请人可以在被授予专利权之前随时撤回其专利申请。

第三十三条 申请人可以对其专利申请文件进行修改，但是，对发明和实用新型专利申请文件的修改不得超出原说明书和权利要求书记载的范围，对外观设计专利申请文件的修改不得超出原图片或者照片表示的范围。

第四章 专利申请的审查和批准

第三十四条 国务院专利行政部门收到发明专利申请后，经初步审查认为符合本法要求的，自申请日起满十八个月，即行公布。国务院专利行政部门可以根据申请人的请求早日公布其申请。

第三十五条 发明专利申请自申请日起三年内，国务院专利行政部门可以根据申请人随时提出的请求，对其申请进行实质审查；申请人无正当理由逾期不请求实质审查的，该申请即被视为撤回。

国务院专利行政部门认为必要的时候，可以自行对发明专利申请进行实质审查。

第三十六条 发明专利的申请人请求实质审查的时候，应当提交在申请日前与其发明有关的参考资料。

发明专利已经在外国提出过申请的，国务院专利行政部门可以要求申请人在指定期限内提交该国为审查其申请进行检索的资料或者审查结果的资料；无正当理由逾期不提交的，该申请即被视为撤回。

第三十七条 国务院专利行政部门对发明专利申请进行实质审查后，认为不符合本法规定的，应当通知申请人，要求其在指定的期限内陈述意见，或者对其申请进行修改；无正当理由逾期不答复的，该申请即被视为撤回。

第三十八条 发明专利申请经申请人陈述意见或者进行修改后，国务院专利行政部门仍然认为不符合本法规定的，应当予以驳回。

第三十九条 发明专利申请经实质审查没有发现驳回理由的，由国务院专利行政部门作出授予发明专利权的决定，发给发明专利证书，同时予以登记和公告。发明专利权自公告之日起生效。

第四十条 实用新型和外观设计专利申请经初步审查没有发现驳回理由的，由国务院专利行政部门作出授予实用新型专利权或者外观设计专利权的决定，发给相应的专利证书，同时予以登记和公告。实用新型专利权和外观设计专利权自公告之日起生效。

第四十一条 国务院专利行政部门设立专利复审委员会。专利申请人对国务院专利行政部门驳回申请的决定不服的，可以自收到通知之日起三个月内，向专利复审委员会请求复审。专利复审委员会复审后，作出决定，并通知专利申请人。

专利申请人对专利复审委员会的复审决定不服的，可以自收到通知之日起三个月内向人民法院起诉。

第五章 专利权的期限、终止和无效

第四十二条 发明专利权的期限为二十年，实用新型专利权和外观设计专利权的期限为十年，均自申请日起计算。

第四十三条 专利权人应当自被授予专利权的当年开始缴纳年费。

第四十四条 有下列情形之一的，专利权在期限届满前终止：

（一）没有按照规定缴纳年费的；

（二）专利权人以书面声明放弃其专利权的。

专利权在期限届满前终止的，由国务院专利行政部门登记和公告。

第四十五条 自国务院专利行政部门公告授予专利权之日起，

任何单位或者个人认为该专利权的授予不符合本法有关规定的,可以请求专利复审委员会宣告该专利权无效。

第四十六条 专利复审委员会对宣告专利权无效的请求应当及时审查和作出决定,并通知请求人和专利权人。宣告专利权无效的决定,由国务院专利行政部门登记和公告。

对专利复审委员会宣告专利权无效或者维持专利权的决定不服的,可以自收到通知之日起三个月内向人民法院起诉。人民法院应当通知无效宣告请求程序的对方当事人作为第三人参加诉讼。

第四十七条 宣告无效的专利权视为自始即不存在。

宣告专利权无效的决定,对在宣告专利权无效前人民法院作出并已执行的专利侵权的判决、调解书,已经履行或者强制执行的专利侵权纠纷处理决定,以及已经履行的专利实施许可合同和专利权转让合同,不具有追溯力。但是因专利权人的恶意给他人造成的损失,应当给予赔偿。

依照前款规定不返还专利侵权赔偿金、专利使用费、专利权转让费,明显违反公平原则的,应当全部或者部分返还。

第六章 专利实施的强制许可

第四十八条 有下列情形之一的,国务院专利行政部门根据具备实施条件的单位或者个人的申请,可以给予实施发明专利或者实用新型专利的强制许可:

(一)专利权人自专利权被授予之日起满三年,且自提出专利申请之日起满四年,无正当理由未实施或者未充分实施其专利的;

(二)专利权人行使专利权的行为被依法认定为垄断行为,为消除或者减少该行为对竞争产生的不利影响的。

第四十九条 在国家出现紧急状态或者非常情况时,或者为了公共利益的目的,国务院专利行政部门可以给予实施发明专利或者实用新型专利的强制许可。

第五十条　为了公共健康目的，对取得专利权的药品，国务院专利行政部门可以给予制造并将其出口到符合中华人民共和国参加的有关国际条约规定的国家或者地区的强制许可。

第五十一条　一项取得专利权的发明或者实用新型比前已经取得专利权的发明或者实用新型具有显著经济意义的重大技术进步，其实施又有赖于前一发明或者实用新型的实施的，国务院专利行政部门根据后一专利权人的申请，可以给予实施前一发明或者实用新型的强制许可。

在依照前款规定给予实施强制许可的情形下，国务院专利行政部门根据前一专利权人的申请，也可以给予实施后一发明或者实用新型的强制许可。

第五十二条　强制许可涉及的发明创造为半导体技术的，其实施限于公共利益的目的和本法第四十八条第（二）项规定的情形。

第五十三条　除依照本法第四十八条第（二）项、第五十条规定给予的强制许可外，强制许可的实施应当主要为了供应国内市场。

第五十四条　依照本法第四十八条第（一）项、第五十一条规定申请强制许可的单位或者个人应当提供证据，证明其以合理的条件请求专利权人许可其实施专利，但未能在合理的时间内获得许可。

第五十五条　国务院专利行政部门作出的给予实施强制许可的决定，应当及时通知专利权人，并予以登记和公告。

给予实施强制许可的决定，应当根据强制许可的理由规定实施的范围和时间。强制许可的理由消除并不再发生时，国务院专利行政部门应当根据专利权人的请求，经审查后作出终止实施强制许可的决定。

第五十六条　取得实施强制许可的单位或者个人不享有独占的实施权，并且无权允许他人实施。

第五十七条　取得实施强制许可的单位或者个人应当付给专利

权人合理的使用费,或者依照中华人民共和国参加的有关国际条约的规定处理使用费问题。付给使用费的,其数额由双方协商;双方不能达成协议的,由国务院专利行政部门裁决。

第五十八条　专利权人对国务院专利行政部门关于实施强制许可的决定不服的,专利权人和取得实施强制许可的单位或者个人对国务院专利行政部门关于实施强制许可的使用费的裁决不服的,可以自收到通知之日起三个月内向人民法院起诉。

第七章　专利权的保护

第五十九条　发明或者实用新型专利权的保护范围以其权利要求的内容为准,说明书及附图可以用于解释权利要求的内容。

外观设计专利权的保护范围以表示在图片或者照片中的该产品的外观设计为准,简要说明可以用于解释图片或者照片所表示的该产品的外观设计。

第六十条　未经专利权人许可,实施其专利,即侵犯其专利权,引起纠纷的,由当事人协商解决;不愿协商或者协商不成的,专利权人或者利害关系人可以向人民法院起诉,也可以请求管理专利工作的部门处理。管理专利工作的部门处理时,认定侵权行为成立的,可以责令侵权人立即停止侵权行为,当事人不服的,可以自收到处理通知之日起十五日内依照《中华人民共和国行政诉讼法》向人民法院起诉;侵权人期满不起诉又不停止侵权行为的,管理专利工作的部门可以申请人民法院强制执行。进行处理的管理专利工作的部门应当事人的请求,可以就侵犯专利权的赔偿数额进行调解;调解不成的,当事人可以依照《中华人民共和国民事诉讼法》向人民法院起诉。

第六十一条　专利侵权纠纷涉及新产品制造方法的发明专利的,制造同样产品的单位或者个人应当提供其产品制造方法不同于专利方法的证明。

专利侵权纠纷涉及实用新型专利或者外观设计专利的，人民法院或者管理专利工作的部门可以要求专利权人或者利害关系人出具由国务院专利行政部门对相关实用新型或者外观设计进行检索、分析和评价后作出的专利权评价报告，作为审理、处理专利侵权纠纷的证据。

第六十二条 在专利侵权纠纷中，被控侵权人有证据证明其实施的技术或者设计属于现有技术或者现有设计的，不构成侵犯专利权。

第六十三条 假冒专利的，除依法承担民事责任外，由管理专利工作的部门责令改正并予公告，没收违法所得，可以并处违法所得四倍以下的罚款；没有违法所得的，可以处二十万元以下的罚款；构成犯罪的，依法追究刑事责任。

第六十四条 管理专利工作的部门根据已经取得的证据，对涉嫌假冒专利行为进行查处时，可以询问有关当事人，调查与涉嫌违法行为有关的情况；对当事人涉嫌违法行为的场所实施现场检查；查阅、复制与涉嫌违法行为有关的合同、发票、账簿以及其他有关资料；检查与涉嫌违法行为有关的产品，对有证据证明是假冒专利的产品，可以查封或者扣押。

管理专利工作的部门依法行使前款规定的职权时，当事人应当予以协助、配合，不得拒绝、阻挠。

第六十五条 侵犯专利权的赔偿数额按照权利人因被侵权所受到的实际损失确定；实际损失难以确定的，可以按照侵权人因侵权所获得的利益确定。权利人的损失或者侵权人获得的利益难以确定的，参照该专利许可使用费的倍数合理确定。赔偿数额还应当包括权利人为制止侵权行为所支付的合理开支。

权利人的损失、侵权人获得的利益和专利许可使用费均难以确定的，人民法院可以根据专利权的类型、侵权行为的性质和情节等因素，确定给予一万元以上一百万元以下的赔偿。

第六十六条 专利权人或者利害关系人有证据证明他人正在实

施或者即将实施侵犯专利权的行为，如不及时制止将会使其合法权益受到难以弥补的损害的，可以在起诉前向人民法院申请采取责令停止有关行为的措施。

申请人提出申请时，应当提供担保；不提供担保的，驳回申请。

人民法院应当自接受申请之时起四十八小时内作出裁定；有特殊情况需要延长的，可以延长四十八小时。裁定责令停止有关行为的，应当立即执行。当事人对裁定不服的，可以申请复议一次；复议期间不停止裁定的执行。

申请人自人民法院采取责令停止有关行为的措施之日起十五日内不起诉的，人民法院应当解除该措施。

申请有错误的，申请人应当赔偿被申请人因停止有关行为所遭受的损失。

第六十七条　为了制止专利侵权行为，在证据可能灭失或者以后难以取得的情况下，专利权人或者利害关系人可以在起诉前向人民法院申请保全证据。

人民法院采取保全措施，可以责令申请人提供担保；申请人不提供担保的，驳回申请。

人民法院应当自接受申请之时起四十八小时内作出裁定；裁定采取保全措施的，应当立即执行。

申请人自人民法院采取保全措施之日起十五日内不起诉的，人民法院应当解除该措施。

第六十八条　侵犯专利权的诉讼时效为二年，自专利权人或者利害关系人得知或者应当得知侵权行为之日起计算。

发明专利申请公布后至专利权授予前使用该发明未支付适当使用费的，专利权人要求支付使用费的诉讼时效为二年，自专利权人得知或者应当得知他人使用其发明之日起计算，但是，专利权人于专利权授予之日前即已得知或者应当得知的，自专利权授予之日起计算。

第六十九条 有下列情形之一的，不视为侵犯专利权：

（一）专利产品或者依照专利方法直接获得的产品，由专利权人或者经其许可的单位、个人售出后，使用、许诺销售、销售、进口该产品的；

（二）在专利申请日前已经制造相同产品、使用相同方法或者已经作好制造、使用的必要准备，并且仅在原有范围内继续制造、使用的；

（三）临时通过中国领陆、领水、领空的外国运输工具，依照其所属国同中国签订的协议或者共同参加的国际条约，或者依照互惠原则，为运输工具自身需要而在其装置和设备中使用有关专利的；

（四）专为科学研究和实验而使用有关专利的；

（五）为提供行政审批所需要的信息，制造、使用、进口专利药品或者专利医疗器械的，以及专门为其制造、进口专利药品或者专利医疗器械的。

第七十条 为生产经营目的使用、许诺销售或者销售不知道是未经专利权人许可而制造并售出的专利侵权产品，能证明该产品合法来源的，不承担赔偿责任。

第七十一条 违反本法第二十条规定向外国申请专利，泄露国家秘密的，由所在单位或者上级主管机关给予行政处分；构成犯罪的，依法追究刑事责任。

第七十二条 侵夺发明人或者设计人的非职务发明创造专利申请权和本法规定的其他权益的，由所在单位或者上级主管机关给予行政处分。

第七十三条 管理专利工作的部门不得参与向社会推荐专利产品等经营活动。

管理专利工作的部门违反前款规定的，由其上级机关或者监察机关责令改正，消除影响，有违法收入的予以没收；情节严重的，对直接负责的主管人员和其他直接责任人员依法给予行政处分。

第七十四条 从事专利管理工作的国家机关工作人员以及其他有关国家机关工作人员玩忽职守、滥用职权、徇私舞弊,构成犯罪的,依法追究刑事责任;尚不构成犯罪的,依法给予行政处分。

第八章 附 则

第七十五条 向国务院专利行政部门申请专利和办理其他手续,应当按照规定缴纳费用。

第七十六条 本法自1985年4月1日起施行。

实施国家知识产权战略的重大举措

——热烈祝贺全国人大常委会关于修改专利法的决定顺利通过

2008年12月27日,全国人大常委会高票通过了《全国人民代表大会常务委员会关于修改〈中华人民共和国专利法〉的决定》,修改后的《专利法》将于2009年10月1日起施行。这是我国专利制度发展历程中又一个重要的里程碑。

我国专利制度是伴随改革开放事业的起步而孕育诞生的,是在建设有中国特色社会主义理论体系的指引下不断发展完善的。在我国三十年改革开放的历史进程中,诞生于1984年,修改于1992年、2000年和2008年的我国《专利法》历经了从计划经济体制、有计划的商品经济体制到建立和完善社会主义市场经济体制的时代背景的变迁,现在又面临着转变经济发展方式、建设创新型国家的历史使命。《专利法》的每次修改都是根据当时我国改革开放和经济社会发展的新形势对专利制度提出的新要求,对我国专利制度作出的及时调整,体现了强烈的时代精神。《专利法》从孕育诞生到不断完善的三十年,是不断解放思想、紧跟我国改革开放步伐的三十年,是不断与时俱进、与中国国情日益紧密结合的三十年,是对专利制度本质特点的认识不断深化、专利制度对我国经济社会发展的推动作用日益突显的三十年。

《专利法》的本次修改,呼应了贯彻落实科学发展观、转变经济发展方式的时代要求。实现以人为本、全面协调可持续的科学发展,是党中央在科学审视国内外发展形势、全面分析我国社会主义初级阶段基本国情和当前发展阶段性特征的基础上作出的战略抉择。实现科学发展,关键是要确定和实施科学发展方式。人类社会发展的历史和我国发展的实践都告诉我们，消耗大量资源、破坏生态环境的粗放型增长方式是不能持久的。在当前国际金融危机对我国经济发展影响日益加深的情况下，不加快转变发展方式、调整经济结构，变制造为创造，发展空间就会越来越小、发展路子就会越来越窄。面临紧迫形势和巨大挑战，是否重视创新，是否拥有并有效运用自主知识产权，已经成为我国企业能否在当前的全球经济衰退中生存和发展壮大的决定性因素。转变经济发展方式，最重要的举措就是坚持走中国特色自主创新道路，加快建立以企业为主体、市场为导向、产学研结合的技术创新体系，在全社会大力弘扬创造精神、创新精神、创业精神，增强自主创新能力，加快建设创新型国家。为此，有必要通过完善专利制度，更为充分维护创新者的正当利益，促使市场主体由过去以比拼产品数量和价格作为主要竞争手段转变为以作出发明创造并形成知识产权，不断提高产品创新含量作为其核心竞争力，实现"创新—受益—再创新—再受益"的良性循环。

《专利法》的本次修改，是实施《国家知识产权战略纲要》的重要举措。2008年6月5日颁布的《国家知识产权战略纲要》，是党中央、国务院在改革开放新时期根据国内外新形势作出的一项重大战略部署，是关系国家前途和民族未来的大事。《国家知识产权战略纲要》提出了实施国家知识产权战略的指导思想、战略目标、战略重点、专项任务和战略措施，是指导我国知识产权事业科学、全面发展的纲领性文件。《国家知识产权战略纲要》明确提出要"进一步完善知识产权法律法规，及时修订专利法、商标法、著作权法等知识产权专门法律及有关法规"、"加快知识产权法制建设，建立适应知识产权特点的立法机制，提高立法质量，加快立法进程"、"加强知识产权法律修改和立法解释，及时有效回应知识产权新问题"。《专利法》是《国家知识产权战略纲要》颁布实施后第一部经过修改的知识产权法律，充分显示了国家知识产权局坚决贯彻落实国家知识产权战略的决心。

《专利法》的本次修改，是实现民主立法和科学立法的生动实践。国家知识产权局2005年4月对修改《专利法》的研究课题进行了公开招标，至2006年2月形成了260万字的课题研究报告并公开出版，形成初步修改草案后于2006年8月至10月在其政府网站上公开征求意见，还在全国范围召开了十余次座谈会、发出了数百份的征求意见函；国务院法制办公室于2007年对修改草案进行了广泛深入的调查研究，广泛征求了国务院部门、地方人民政府、人民法院、企事业单位、专家学者的意见，前往广东进行了实地调查，还两次召开国际研讨会进行研究讨论；全国人大教科文卫委员会于2008年5月至7月就《专利法》的修改在广东、上海和北京进行了调研，全国人大常委会法制工作委员会于2008年8月至10月在全国人大的网站上再次公开征求意见，并召开了多次座谈会广泛进行讨论研究。上述做法充分表明，我国政府主管部门和立法机关遵守《立法法》和《国务院依法行政纲要》有关规定的自觉性已经大为提高。广泛听取全社会各方面的意见，确保了《专利法》的修改具有坚实的群众基础，有利于充分维护最广大民众的最大利益。

　　《专利法》的本次修改，将为我国自主创新能力的提高、促进经济社会发展提供更有力的制度支撑。现行《专利法》共有69条规定，本次修改新增了7条，修改了23条。其中，在立法宗旨中增加了"提高创新能力"、"促进经济社会发展"的内容，这不仅宣示了我国提高创新能力、建设创新型国家的决心，更阐明了专利制度与经济社会发展的内在联系；适度调整了发明、实用新型和外观设计专利权的授权标准，这是在我国专利申请数量已经大幅提升的情况下，努力提高专利申请和专利权质量和水平的时代要求；取消了对涉外专利代理机构的指定，增加了国家知识产权局准确、及时地发布专利信息的职责，这不仅有利于建设服务型政府，创建公平竞争的良好环境，也有利于增强市场主体应用知识产权的能力；赋予了外观设计专利权人许诺销售权，增加了诉前证据保全措施，明确将权利人的维权成本纳入侵权赔偿的范围,加大了对违法行为的行政查处力度,这有利于降低专利权人的维权成本,加大侵权人的侵权代价,使创新者更加敢于创新、安于创新、乐于创新,使违法者不敢仿造、不愿仿造;允许平行进口,增加了药品和医疗器械的审批例外,完善了强制许可制度,并规定了现有技术抗辩原则,这有利于合理平衡专利权人和社会公众的合法权益,有效防止对专利权的滥用。这些都将对我国专利法产生积极的完善作用。

新年将近,"爆竹声中一岁除,春风送暖入屠苏,千门万户曈曈日,总把新桃换旧符。"全国各级知识产权管理机关和企事业单位要大力宣传普及修改后的《专利法》,积极落实实施修改后的《专利法》的各项准备工作,以确保修改后的《专利法》顺利施行。

(2008年12月31日《中国知识产权报》社论)

《专利法》第三次修改逐条说明

《全国人民代表大会常务委员会关于修改〈中华人民共和国专利法〉的决定》对《专利法》共作了 36 处修改。下面对这 36 处修改逐一进行说明。

一、关于第一条

本条明确了《专利法》的立法宗旨。

2000 年第二次修改《专利法》，将本条的规定改为："为了保护发明创造专利权，鼓励发明创造，有利于发明创造的推广应用，促进科学技术进步和创新，适应社会主义现代化建设的需要，特制定本法。"

《专利法》的第二次修改至今已有 8 年的时间。在此期间，我国经济社会发生了显著变化。随着时间的推移和经验的积累，我国对知识产权制度本质特点和运行规律的认识也在不断深化。近年来，党和国家领导人高度重视知识产权工作，将知识产权的重要性提到了前所未有的高度。党的"十七大"明确提出了提高自主创新能力、建设创新型国家的战略目标，并明确提出要实施知识产权战略。2008 年 6 月，国务院颁布了《国家知识产权战略纲要》，指出："实施国家知识产权战略，大力提升知识产权创造、运用、保护和管理能力，有利于增强我国自主创新能力，建设创新型国家；有利于完善社会主义市场经济体制，规范市场秩序和建立诚信社会；有利于增强我国企业市场竞争力和提高国家核心竞争力；有利于扩大对外开放，实现互利共赢。必须把知识产权战略作为国家重要战略，切实加强知识产权工作。"这对我国专利制度的发展提出了新的更高要求。

专利制度是知识产权制度的重要组成部分，《专利法》的作用不仅体现在维护专利权人的合法权益、促进科学技术的进步，还应当将其提升到建设创新型国家、促进经济社会发展的战略高度。基于上述认识，本次《专利法》修改将本条规定修改为："为了保护专利权人的合法权益，鼓励发明创造，推动发明创造的应用，提高创新能力，促进科学技术进步和经济社会发展，制定本法。"

二、关于第二条

对本条的修改在于增加了发明、实用新型和外观设计的定义。

本条在本次修改前规定"本法所称的发明创造是指发明、实用新型和外观设计"。然而，原《专利法》通篇未对发明、实用新型和外观设计作出定义，而是由《专利法实施细则》第二条予以规定。这导致《专利法》本身的规定不够完备。

发明、实用新型和外观设计的定义直接涉及能够被授予专利权的主题范围，这是授予专利权的条件之一，也是专利法律制度的基本概念和重要基础，不宜由法律位阶低于《专利法》的《专利法实施细则》予以规定。因此，本次修改将原《专利法实施细则》第二条对发明、实用新型和外观设计的定义移入本条，分别作为本条第二、第三、第四款，即："发明，是指对产品、方法或者其改进所提出的新的技术方案。"

"实用新型，是指对产品的形状、构造或者其结合所提出的适于实用的新的技术方案。"

"外观设计，是指对产品的形状、图案或者其结合以及色彩与形状、图案的结合所作出的富有美感并适于工业应用的新设计。"

在本次修改《专利法》的过程中，对上述定义曾经提出过两方面的修改建议。

一是有专家学者建议删除第二款和第三款中的"新的"二字，其理由在于：《专利法》第二十二条第二款规定了发明和实用新型的新颖性，该款全面、准确地界定了"新的"一词的含义，是判断发明和实用新型是否具备新颖性的直接法律依据。保留该两款的"新的"二字，会导致《专利法》的不同条文以不同的方式涉及同一概念，容易使公众对《专利法》的理解和施行产生混淆。

经研究讨论，立法机构认为本条规定了《专利法》所称发明创造的内涵，如果删除"新的"二字，从本条的文字上看，对产品或者方法提出的任何技术方案都可以称为"发明"，对产品的形状、结构或者结合提出的任何适于实用的技术方案都可以称为"实用新型"，这有悖于公众对"发明创造"一词的理解，容易导致混淆。现实中之所以产生判断发明或者实用新型是否具备新颖性应当以本条规定的定义为准，还是以《专利法》第二十二条第二款的规定为准的问题，主要是因为原《专利法实施细则》规定初步审查包括发明或者实用新型是否符合定义的审查，而这一审查会涉及是否是"新的"这一问题。该问题可以通过完善《专利法实施细则》和《审查指南》规定的方式予以解决，不必通过删除"新的"二字来解决。

二是有专家学者建议将外观设计定义中的"富有美感"修改为"具有装饰性"，其理由认为："富有美感"属于人的主观感受，现实中不同人对同一设计方案的主观感受会有所不同，有人可能认为很美，有人可能认为不美，因而可能导致判断结论因人而异，难以有一个客观的标准。

全国人大法律委员会专门就此问题进行过较长时间的讨论，最后决定还是保持原来的规定不变，其理由在于：第一，其他国家的相关法律有的采用"具有装饰性"的措辞，有的采用"富有美感"的措辞，TRIPS协议第25条和第26条没有给出外观设计的定义，这表明该协议无意统一各成员对外观设计的定义；第二，"富有美感"一词的主要作用在于表明判断是否属于外观设计专利权的保护客体，应当关注的是产品外观给人的视觉感受，而不是该产品的功能特性或者技术效果，这是外观设计专利与发明和实用新型专利之间的本质区别，"富有美感"一词应当作广义理解，不受具体个人的感受是"美"还是"不美"的影响;第三,现实中并没有出现过仅仅由于认为"不美"而拒绝授予外观设计专利权或者宣告一项外观设计专利权无效的事例。立法机构认为,基于上述情况,将"富有美感"修改为"具有装饰性",将难于向公众解释该修改希望带来以及实际带来了何种实质性变化。

三、关于第五条

对本条的修改涉及如下两个方面。

一是将本条修改前的规定改为第一款,并将"国家法律"修改为"法律",使表述更为简洁、准确。

二是增加第二款关于遗传资源保护的规定,即:"对违反法律、行政法规的规定获取或者利用遗传资源,并依赖该遗传资源完成的发明创造,不授予专利权。"

随着生物技术的发展,遗传资源已经成为一国可持续发展的重要资源,引起世界各国的高度重视。1993年生效的《生物多样性公约》(下称CBD)确立了遗传资源的国家主权、事先知情同意和惠益分享三项基本原则,并明确规定:"缔约方认识到专利和其他知识产权可能影响到本公约的实施,因此应当在国家立法和国际立法方面进行合作,以确保此种权利有助于而不违反本公约的目标。"据此,在世界贸易组织、世界知识产权组织等国际组织,一些国家提出了制定有关专利国际规则以保护遗传资源的主张,并在国内通过专门立法或者修改其专利法等方式,开展了施行CBD上述规定的实践。

我国是世界上遗传资源最为丰富的国家之一,也是最早批准加入CBD的国家之一,保护遗传资源对我国具有特别重要的意义。为有效保护我国的遗传资源,在借鉴国际讨论有关见解和其他国家有关经验以及考虑我国具体国情的基础上,本次修改新增加了第五条第二款,将那些违反我国有关遗传资源管理、保护的法律和行政法规的规定获取或者利用遗传资源,进而依赖该遗传资源完成的发明创造排除在能够授予专利权的发明创造范围之外。作出这类发明创造的目的本身不一定违反法律、行政法规（如果发明创造本身违法，则可以直接适用第五条第一款的规定），之所以不授予专利权，是因为其所依赖的遗传资源在获取或者利用过程中违反了我国关于遗传资源管理、保护的法律或者行政法规。如果对这类发明创造授予专利权，不仅会助长非法利用我国遗传资源的恶劣行为，还可能由于专利权人享有的独占权而阻碍我国对该遗传资源的进一步开发利用和对该发明创造的应用。因此，根据CBD确立的国家主权等原则，《专利法》对这类依赖遗传资源完成的发明创造作出了特别规定。

需要指出的是，我国已经制定施行了一些与保护遗传资源有关的法律和行政法规，但是还不够全面和系统。国务院有关主管部门正在加紧进行进一步制定有关法律和行政法规的工作。依据本条规定不授予专利权的，应当以已经颁布施行的法律和行政法规为准。

四、关于第九条

对本条的修改在于增加了第一款，本款规定："同样的发明创造只能授予一项专利权。但是，同一申请人同日对同样的发明创造既申请实用新型专利又申请发明专利，先获得的实用新型专利权尚未终止，且申请人声明放弃该实用新型专利权的，可以授予发明专利权。"

专利权的基本含义是赋予专利权人禁止他人未经其许可实施其发明创造的权利。对于同样的发明创造，无论是同一人提出两件以上专利申请，还是不同人分别提出两件以上专利申请，即使在符合授予专利权条件的情况下，也不能授予两项以上专利权，否则在这些专利权之间就会发生冲突。这就是"禁止重复授权原则"。

1984年制定的《专利法》第九条规定"两个以上的申请人分别就同样的发明创造申请专利的，专利权授予最先申请的人。"这就是"先申请原则"。"先申请原则"也能起到防止重复授权的作用，但是它仅仅涉及"禁止重复授权原则"所要防止的一种情况，对同一人同日或者先后就同样的发明创造提出两份以上专利申请，以及对不同人同日就同样的发明创造提出两份以上专利申请的情况均未涉及。

为了弥补上述规定的不足之处，1992年第一次修改《专利法实施细则》时，在原第十二条中增加了一款，规定为"同样的发明创造只能被授予一项专利。"该款规定涵盖了重复授权的所有情况，从而全面、准确地确立了"禁止重复授权原则"。2001年第二次修改《专利法实施细则》时，又将该款规定改为第十三条第一款。

然而，由《专利法实施细则》规定更为上位的"禁止重复授权原则"，而《专利法》规定相对下位的"先申请原则"，在法律位阶上看不甚妥当。基于此，本次修改将原《专利法实施细则》第十三条第一款中"同样的发明创造只能被授予一项专利"上升为本条第一款第一句，并在措辞上进行了完善。

在20世纪90年代，国家知识产权局受理的专利申请数量持续增加，而审查员严重不足，导致出现了较为严重的申请积压现象，一些发明专利申请需要等待6~7年才能被授予专利权，引起了申请人和社会公众的强烈反响。为了及时解决这一问题，在未修改《专利法》和《专利法实施细则》的情况下，国家知识产权局采取了一项措施，即允许同一申请人同日或者先后就同样的发明创造既申请发明专利，又申请实用新型专利。由于对实用新型专利申请仅进行初步审查，能够很快被授予实用新型专利权，因此申请人可以就其发明创造及时获得专利保护；在对其发明专利申请进行实质审查后，认为符合授权条件的，只要该申请人声明放弃其已经获得的实用新型专利权，就可以授予其发明专利权，因此申请人可以就其发明创造获得更长期限的专利保护。该措施较为有效地缓解了专利申请积压的矛盾。

然而，上述做法也带来了一些争议。

一个争议是国家知识产权局采取的上述做法是否符合原《专利法实施细则》第十三条第一款的规定。一种观点认为，"同样的发明创造只能被授予一项专利",可以理解为对同样的发明创造不能有两项专利权同时存在,依照该理解,国家知识产权局采取的上述做法没有违背原《专利法实施细则》该款的规定;另一种观点则认为,"同样的发明创造只能被授予一项专利",应当理解为对同样的发明创造不能被两次授予专利权,即使它们并非同时存在也依然如此,依照该理解,国家知识产权局采取的上述做法不符合《专利法实施细则》的该款规定。严格依据条文的文字含义,应当承认后一观点更有道理。

另一个争议是国家知识产权局采取的上述做法有可能导致一些不合理的现象。例如,在同一申请人先提交实用新型专利申请,后提交发明专利申请的情况下,先授予的实用新型专利权已经为该申请人提供了数年保护,后授予的发明专利权还能为该专利权人提供自发明专利申请日起20年的保护,其总共获得专利保护的期间就会超过仅仅提出发明专利申请的申请人获得专利保护的期间,这对其他专利权人来说有失公平。又例如,现实中出现过这样的情况,即在随后又获得发明专利权之前,该专利权人已经放弃了其在先获得的实用新型专利权,或者其实用新型专利权已经届满失效,此时不知道底细的公众有理由认为原来受实用新型专利权保护的技术已经进入公有领域,任何人都可以自由实施,却不料该专利权人后来又获得了一项发明专利权,其实施行为有可能被指控为侵犯发明专利权的行为,这对公众来说有失公平。

进入21世纪以后,国家知识产权局大批量招聘新审查员,使发明专利申请的实质审查周期不断缩短,申请积压现象得到缓解。鉴于原先采取的做法存在一些实际问题,在本次修改《专利法》的前期专题研究中以及随后的征求意见过程中,国家知识产权局提出了是否有必要继续保留该做法的问题。其结果是多数人认为这种做法对申请人有利,应当继续保留。

立法机构顺应民意,在本条第一款增加规定"禁止重复授权原则"的同时,紧接着又规定了该原则的一种例外情况,将国家知识产权局过去采取的做法纳入法律,从而解决了上面所述的第一个争议。

为了解决第二个争议,克服国家知识产权局过去采取的做法有可能导致的不合理之处,本条第一款后半部分采取了如下举措。

首先,允许同一申请人对同样的发明创造既申请实用新型专利,又申请发明专利,但是规定必须同日提出。这样,就确保了该申请人所能获得的专利保护总共也不会超过自申请日起20年的期间。另一方面,该规定也不会给申请人带来不合理的负担。对同样的发明创造,申请人既然能够提出发明专利申请或者实用新型专利申请中的一份申请,同时提交另一份申请当然没有困难,尤其当申请人申请获得一项产品专利权时,两份申请的内容可以完全相同,复制一份即可。

其次,规定随后授予发明专利权的条件之一是"先获得的实用新型专利权尚未终止"。这样,就避免了出现申请人事先放弃其已经获得的实用新型专利权,或者其获得的实用新型专利权已经届满终止,随后又授予发明专利权的现象。在即将修改的《专利法实施细则》中,还将就此作出有关补充规定,进一步确保公众的知情权利,确保公众的利益不受损害。

应当注意的是,现实中同一申请人同日既申请实用新型专利又申请发明专利的,在个别情况下也会出现其实用新型专利申请尚未授权,而其发明专利申请已被授权的现象。此时,申请人是否可以放弃其已经获得的发明专利权,转而获得实用新型专利权?回答是否定的。首先,本条第一款没有对"禁止重复授权原则"规定这种例外情况;其次,发明专利权具有更高的法律稳定性,而且申请人需要缴纳数额不低的实质审查费,没有理由使人信服申请人有必要采取这种做法。

五、关于第十条

对本条的修改涉及如下两个方面。

一是关于外国主体的称谓。

《专利法》中关于外国主体的称谓一般是"外国人、外国企业或者外国其他组织"（例如《专利法》第十八条、第十九条）。当中国专利申请人或者专利权人向外国主体转让专利申请权或者专利权时，受让人既可能是外国人，也可能是外国的企业或者其他组织。但是，本次修改前的本条将受让的外国主体笼统称为"外国人"。在《专利法》的不同条款中对外国主体采用不同的表述方式，容易使人产生混淆，以为所指主体有所不同。为了统一称谓，本次修改将本条原来所称的"外国人"修改为"外国人、外国企业或者外国其他组织"，一方面与《专利法》其他条款的规定一致，另一方面也使本条规定更为准确。

二是关于向外转让专利申请权或者专利权的审批程序。

根据《对外贸易法》和《技术进出口管理条例》的规定，中国专利申请人或者专利权人向外国人转让专利申请权或者专利权的，属于技术出口行为，应当遵守相关的规定。为了维护国家安全和公共利益，《技术进出口管理条例》规定，对于属于禁止出口的技术，不得出口；对于属于限制出口的技术，实行许可证管理，未经许可，不得出口；而对于属于自由出口的技术，实行合同登记管理，只需要将技术转让合同在国务院有关主管部门登记即可。因此，根据《技术进出口管理条例》的规定，在技术出口过程中，不同类型的技术需要办理的手续是不同的，并不是所有的技术出口都需要由国务院有关主管部门批准。然而，本次修改前的本条规定中国单位或者个人向外国人转让专利申请权或者专利权的，必须经过国务院有关主管部门批准，这与《技术进出口管理条例》的规定不一致。因此，本次修改《专利法》将本条第二款规定改为："中国单位或者个人向外国人、外国企业或者外国其他组织转让专利申请权或者专利权的，应当依照有关法律、行政法规的规定办理手续。"其中所称"有关法律、行政法规"，就是指《对外贸易法》和《技术进出口管理条例》。这样，根据本次修改后的本条规定，向外国人、外国企业或者外国其他组织转让外观设计专利申请权或者专利权的，因为不涉及技术，就不需要办理出口的有关手续。

六、关于第十一条

对本条的修改在于在第二款中增加了任何单位或者个人未经外观设计专利权人许可,不得许诺销售其外观设计专利产品的规定。许诺销售,是指以做广告、在商店橱窗中陈列或者在展销会上展出等方式作出销售商品的意思表示。

为了符合世界贸易组织的《与贸易有关的知识产权协议》(TRIPS 协议)的规定,2000 年第二次修改《专利法》时,在本条第一款中增加了任何单位或者个人未经发明和实用新型专利权人许可,不得许诺销售专利产品或者依照专利方法直接获得的产品的规定。鉴于当时 TRIPS 协议没有对禁止许诺销售外观设计产品的行为作出规定,所以没有对本条第二款关于外观设计专利权效力的规定作出相应修改。

2000 年以后,我国外观设计专利申请的数量每年以较快的速度增长,2008 年国内申请人提交的外观设计专利申请已接近 30 万件。近年来,全国各地展会经济蓬勃发展,数量众多的展览会、展销会、交易会推动了商品的流通交易,但侵犯知识产权的现象也较为突出。

为了加强展会期间的知识产权保护,维护展会的正常秩序,商务部、国家工商总局、国家版权局、国家知识产权局于 2006 年 1 月联合颁布了《展会知识产权保护办法》。该办法第二十五条第一款规定,对展会期间侵犯发明或者实用新型专利权的行为,地方知识产权局应当依据《专利法》第十一条第一款关于禁止许诺销售行为的规定以及《专利法》第五十七条关于责令侵权人立即停止侵权行为的规定,责令被请求人从展会上撤出侵权产品,销毁介绍侵权展品的宣传材料,更换介绍侵权项目的展板。然而,由于本条第二款没有关于禁止许诺销售外观设计专利产品行为的规定,《展会知识产权保护办法》第二十五条第二款只能规定,对涉嫌侵犯外观设计专利权的处理请求,被请求人在展会上销售其产品,地方知识产权局认定侵权成立的,应当责令被请求人撤出侵权产品。这表明,即使展出者未经专利权人许可展出与享有外观设计专利权的产品相同的产品,只要不在展会期间实际销售其展品,就可以逍遥法外,外观设计专利权人对其展出行为束手无策,毫无办法。这导致展会期间对外观设计专利权的保护明显弱于对发明和实用新型专利权的保护,不仅影响了外观设计专利权人的合法权益,也严重扰乱了展会秩序。

为了解决实践中出现的问题,更好地维护外观设计专利权人的合法权益,加强对外观设计专利权的保护,本次修改《专利法》时本条第二款中增加了禁止许诺销售外观设计专利产品的规定,将该款改为:"外观设计专利权被授予后,任何单位或者个人未经专利权人许可,都不得实施其专利,即不得为生产经营目的制造、许诺销售、销售、进口其外观设计专利产品。"

七、关于第十二条

对本条的修改在于删除了本条原来条文中的"书面"二字。

本条在本次修改前规定为:"任何单位或者个人实施他人专利的,应当与专利权人订立书面实施许可合同,向专利权人支付专利使用费。"这一规定在1984年制定《专利法》时就写入了,当时我国还没有制定统一的合同法。1992年和2000年两次修改《专利法》,未对本条规定作出修改。《专利法》第十一条规定任何单位或者个人未经专利权人许可不得实施其专利;本条规定任何单位或者个人实施他人专利的,应当与专利权人订立书面许可合同。将上述正反两个方面的规定结合起来,可以得出这样的结论,即凡是未与专利权人以"书面"形式订立许可合同又实施其专利的,就构成了侵犯专利权的行为。

1999年3月颁布、同年10月1日起施行的《合同法》第十条规定"当事人订立合同,有书面形式、口头形式和其他形式。"虽然《合同法》第三百四十二条第二款规定"技术转让合同应当采用书面形式",而该条第一款规定技术转让合同包括专利实施许可合同,但《合同法》第三十六条规定:"法律、行政法规规定或者当事人约定采用书面形式订立合同，当事人未采用书面形式但一方已经履行主要义务，对方接受的，该合同成立。"综合《合同法》的上述规定来看，专利实施许可合同仍然可以有多种形式，实践中也存在需要认可口头形式或者其他形式的专利实施许可合同的情形。此外，本次修改删除专利实施许可合同的"书面形式"要件，还为结合专利制度的特点，在实践中认定专利实施默示许可奠定了法律基础，这对确保专利制度的正常运作，防止滥用专利权的行为具有重要意义。

值得注意的是，《专利法》第十条第三款规定"转让专利申请权或者专利权的，当事人应当订立书面合同"，本次修改《专利法》并没有修改该款规定。这是因为专利申请权或者专利权的转让合同与专利许可合同是具有不同性质的合同，前者意味着权利主体的转移，需要经国家知识产权局登记并予以公告，专利申请权或者专利权的转让自登记之日起才生效，而不是自合同成立之日就生效。国家知识产权局进行转让登记需要以书面转让合同为依据，否则将容易产生混乱。

八、关于第十四条

对本条的修改在于删除了本条在本次修改前第二款的规定。

本条在本次修改前的规定是："国有企业事业单位的发明专利，对国家利益或者公共利益具有重大意义的，国务院有关主管部门和省、自治区、直辖市人民政府报经国务院批准，可以决定在批准的范围内推广应用，允许指定的单位实施，由实施单位按照国家规定向专利权人支付使用费。

中国集体所有制单位和个人的发明专利，对国家利益或者公共利益具有重大意义，需要推广应用的，参照前款规定办理。"

专利权是赋予专利权人的有限的独占权，其范围和效力应当体现权利人利益与公共利益的平衡。一方面，专利权人的权益应得到有效保障，否则专利制度便不能发挥鼓励创新的作用；另一方面，专利权人的权利应受到一定限制，不宜绝对或者过强，否则就会阻碍发明创造的推广应用和经济社会的发展。因此，各国专利法均有关于专利权的例外的限制性规定。我国《专利法》第十四条中关于专利技术"推广应用"的规定就是这种例外情形中的一种，其目的是更好地维护国家利益和公共利益。

本条第一款明确了能够被"推广应用"的对象是国有企业事业单位拥有的对国家利益和公共利益有重大意义的发明专利技术，例如在环境保护或者节约能源等方面能够产生重大影响的技术，这主要考虑到国有企事业单位的全部或者部分资产来自国家投资，国家可以对其专利技术的实施享有一定的支配权。本条第一款规定采取这种推广应用措施需要报经国务院批准，而不能由国务院有关主管部门或者省、自治区、直辖市人民政府直接批准，这充分显示了国家对采取这种推广应用措施持十分慎重的态度；规定实施的单位按照国家规定向专利权人支付使用费，这表明即使采取推广应用措施，也会同时兼顾专利权人的利益。应当指出的是，根据《行政复议法》的有关规定，对各级人民政府工作部门、各级人民政府以及国务院部门作出的具体行政行为不服的，可以申请行政复议，但是没有规定对国务院作出的决定也可以申请行政复议；根据《行政诉讼法》的有关规定，法院不受理对国家行为提起的行政诉讼。本条规定的对发明专利的推广应用是由国务院批准决定的，因此专利权人不能获得行政救济和司法救济。

但是，对集体所有制单位和个人而言，其资本不是来自国家投资，专利权的行使对其利益攸关，因此其自主权应当得到充分尊重，国家不应过多干预。如果集体所有制单位和个人专利权人为了获得垄断利益，拒绝他人以合理的条件获得实施其专利的许可，对公共利益和国家利益产生不良影响，可以通过《专利法》第六章规定的强制许可制度来解决，同时也能保障专利权人获得行政和司法救济。因此，本次修改《专利法》取消了中国集体所有制单位和个人的发明专利参照进行"推广应用"的规定。

九、关于第十五条

本条是本次修改新增的条款，主要涉及共有专利申请权和专利权的行使。

专利申请权和专利权都具有财产权的属性，在实践中经常出现权利共有的情形。我国《民法通则》在"财产所有权和与财产所有权有关的财产权"一节规定了行使共有权利应当遵循的一般规则，但是知识产权独立规定在《民法通则》的另外一节中，从形式上看有关行使共有权利的规定并不能直接适用于知识产权。我国《物权法》第八章也详细地规定了物权共有的规则，但是知识产权并不属于物权，仍然不能直接适用这些规则。最为重要的是专利权作为一种无形财产权具有与有形财产权不同的特点，共有知识产权的行使需要有一些特殊的规则，《民法通则》和《物权法》的有关规定不能完全适合于专利权。对共有专利权利的行使，原《专利法》及其实施细则均没有作出规定，1999年制定《公司法》以前是适用1987年制定的《技术合同法》及其实施条例的相关规定。然而，我国于1999年制定了统一的《合同法》，《技术合同法》同时废止，《合同法》中并没有对共有的专利申请权和专利权的行使作出规定。因此，从完善我国专利制度的角度出发，本次修改《专利法》增加了本条关于共有专利申请权和专利权行使的规定。

根据这一新增条款的规定，共有专利申请权或者共有专利权的行使采用共有人约定优先的原则，没有约定的，则适用法定的规则。本条规定，在共有人没有相反约定的情况下，任何共有人可以单独实施该专利或者单独以普通许可方式许可他人实施该专利；除此之外，以其他方式处置或者行使共有权的，例如转让、放弃、独占许可、提起侵权诉讼等，应当取得全体共有人的同意。同时，在没有约定的情况下，共有人以普通许可的方式许可他人实施该专利的，收取的使用费应当在共有人之间分配。

之所以这样规定，其原因是专利属于无形财产，任何共有人单独实施该专利或者单独以普通许可的方式许可他人实施该专利，不会使权利客体受到减损，因此对其他共有人利益的影响很小。发明创造价值的体现有赖于其实施应用，《专利法》第一条明确规定其立法宗旨之一在于推动发明创造的应用。因此，尽可能为合法实施专利创造有利条件，是《专利法》应当遵循的原则。在专利权共有的情况下，如果规定在任何情况下共有人之一实施该专利都必须获得其他共有人的同意，就会阻碍专利的实施。共有人之一也可以单独许可他人实施该专利，但许可的方式仅限于普通许可方式，不能是独占许可方式，其原因是如果允许共有许可人之一单独与他人订立独占实施许可合同，那么在其他共有人随后又与另外的人订立专利实施许可合同的情况下，则将导致两份实施许可合同产生冲突，影响经济社会秩序的稳定；如果共有人之一与他人订立专利实施许可合同的结果是不允许其他共有人再与另外的人订立专利实施许可合同，则对其他共有人来说有失公平。本条规定共有人之一单独许可他人实施该专利获得的使用费应当在共有人之间分配，却没有规定共有人之一单独实施该专利获得的收益应当在共有人之间分配，其原因是两者的性质有所不同：共有人之一单独实施专利的，需要单独为其实施付出人力、物力和财力，其收益是实施者劳动的结果，其他共有人同样有单独实施的权利，不分享实施者的收益没有什么不公平之处；共有人之一单独许可他人实施专利的，许可人并没有相应的付出，收取使用费是基于共有人共同作出的发明创造，应当认为是共有人的共同收益，理应在共有人之间分配。当然，从鼓励许可他人实施专利，从而为所有共有人创造收益的角度来看，许可人有理由因为其从事的许可活动而获得更多的回报，正因为如此，本条仅仅规定收取的使用费应当在共有人之间分配，而没有规定应当在共有人之间平均分配。

十、关于第十七条

本条由本次修改前《专利法》第十五条和第十七条合并而来。本条第一款为本次修改前《专利法》第十七条的规定，规定了发明人和设计人在专利申请文件和专利文件中表明其身份的权利，内容未作修改；本条第二款规定了专利权人的标记权，对本次修改前《专利法》第十五条的规定进行了修改。

本次修改前《专利法》第十五条规定"专利权人有权在其专利产品或者该产品的包装上标明专利标记和专利号。"本次修改将其中的"专利标记和专利号"修改为"专利标识"。一方面，根据《现代汉语词典》，"标记"是指"标志，记号"，而"标识"是指"表明特征的记号"。本条规定的目的是允许专利权人指明其产品受到专利保护，因此采用"标识"一词更能准确反映其立法意图。另一方面，"专利号"本身就是一种专利标记，不宜与"专利记"并列陈述。现实中，专利权人在其专利产品上或者其包装上标明专利标识的正确方式就是标明专利号，因为专利权都有与之唯一对应的专利号，通过专利号就能查证专利权人标有专利标识的产品是否确有专利权存在以及是否与其获得的专利权相符，从而判断所作专利标识是否真实。采用除专利号之外的其他的图形标记或者写上诸如"本产品为专利产品，严禁仿制"之类的文字，均无法达到上述目的。本次修改前的规定采用"有权标明专利标记和专利号"的表述方式，容易使人将其理解为"专利标记"是不同于"专利号"的另一种专利标识，两者可任选其中之一，这不利于维护正常的市场秩序。本次修改采用新的措辞"专利标识"以取代本次修改前规定的"专利标记和专利号"，将有利于国家知识产权局通过制定有关部门规章，更为合理地规范标注专利标识的行为。

十一、关于第十九条

对本条的修改涉及以下两个方面。

一是取消了由国家知识产权局指定涉外专利代理机构的规定。

修改之前的本条第一款规定："在中国没有经常居所或者营业所的外国人、外国企业或者外国其他组织在中国申请专利和办理其他专利事务的，应当委托国务院专利行政部门指定的专利代理机构办理。"这一规定在我国实施《专利法》的初期是必要的。当时专利代理行业尚处于初创阶段，能够胜任涉外专利代理工作的机构不多。为了维护专利申请人的利益，为对外开放创造良好的环境，有必要对涉外专利代理机构设立行政审批，确保其具有办理涉外专利代理事务的能力。

随着我国专利代理行业日趋成熟,越来越多的专利代理机构具备了办理涉外专利代理事务的能力。2000年按照国务院的统一部署,全国绝大多数专利代理机构完成了脱钩改制工作,成为自主经营、自负盈亏的独立的社会中介服务机构,其获得平等市场竞争地位的呼声日趋高涨。另外,外国申请人有能力自行选择适合的专利代理机构代理专利事务,同时也希望获得更大的选择余地。基于上述理由,指定涉外专利代理机构这一行政审批项目已经可以用市场机制来代替。如果仍然由国家知识产权局指定涉外专利代理机构,将不合理地限制各专利代理机构的发展壮大。为了进一步促进专利代理行业的健康发展,在行业内营造公平的竞争环境,本次修改删除了本条第一款关于由国家知识产权局指定涉外专利代理机构的规定。

虽然本条第一款删除了国家知识产权局指定涉外专利代理机构的职能,但并没有允许外国人、外国企业或者外国其他组织可以委托任何中国单位或者个人代理其申请专利和其他专利事务,更没有允许其直接向国家知识产权局申请专利,而要求必须委托依法设立的专利代理机构办理。所谓"依法设立的专利代理机构",是指按照《专利代理条例》的规定,由国家知识产权局批准设立的专利代理机构。

二是明确规定代理国内申请专利和其他专利事务的机构也应当是依法设立的专利代理机构。

修改前的本条第二款规定"中国单位或者个人在国内申请专利和办理其他专利事务的,可以委托专利代理机构办理。"该款规定表明,国内单位或者个人在国内申请专利或者办理其他专利事务,没有强制性委托专利代理机构的要求,根据其自身需要,可以委托专利代理机构办理,也可以不委托专利机构,自己办理。然而,该款没有明确表明所述"专利代理机构"是何种机构。

本次修改,将本条第二款所称"专利代理机构"改为"依法设立的专利代理机构",一则表明代理中国单位或者个人申请专利和其他专利事务的机构也应当是按照《专利代理条例》规定,由国家知识产权局批准设立的专利代理机构;二则表明"依法设立的专利代理机构"既可以代理本条第一款所述事务,也可以办理本条第二款所述事务,不必予以区分。

十二、关于第二十条

对本条的修改涉及以下两个方面。

一是删除了中国单位或者个人向外国申请专利必须委托涉外代理机构的规定。

修改前的本条第一款规定,中国单位或者个人将其在国内完成的发明创造向外国申请专利的,应当委托国务院专利行政部门指定的专利代理机构办理。根据该规定,中国单位或者个人将其在国内完成的发明创造向外国申请专利的,首先必须由国家知识产权局指定的涉外专利代理机构进行代理;然而许多国家的法律有与我国《专利法》相似的规定,即在该国申请专利的,必须委托该国依法设立的专利代理机构进行代理,通常由代理该专利申请的我国涉外专利代理机构转为委托。这样,国内单位或者个人向外国申请专利实际上需要双重委托代理。

随着我国经济、科技实力的逐步壮大,我国许多企业开始走向国际市场、参与国际竞争,越来越多地向外国申请专利势在必然。现实中,对于我国的一些企事业单位,特别是不熟悉国际事务的中小企业来说,除了委托外国专利代理机构之外,可能还有必要委托国内专利代理机构为其提供必要服务;但是对于熟悉国际事务、拥有专门人才的大型公司来说,情况就不是这样。鉴于这种情况,向外国申请专利是否还需要委托国内专利代理机构,应当由我国申请人根据其实际需要自主决定,没有必要强制性地规定必须委托国内专利代理机构予以代理。

据此,本次修改删除了中国单位或者个人向外国申请专利必须委托我国代理机构的规定,以方便我国申请人向外国申请专利。

二是将中国单位或者个人向外国申请专利必须首先在中国申请，改为必须事先报经国家知识产权局进行保密审查。

对于在我国境内完成的发明或者实用新型，如果涉及国家安全或者重大利益，根据《专利法》第四条的规定，应当按照《保守国家秘密法》及其实施办法的规定予以保密，不得因在中国申请普通专利而公开，也不得因向外国申请专利而公开。因此，本条规定，在中国完成的发明或者实用新型向外国申请专利的，应当事先经过保密审查。根据上述规定，只要是在中国完成的发明或者实用新型，无论是由中国人完成，还是由外国人完成，也无论是由中国单位，还是外国单位享有申请专利的权利，就该发明或者实用新型向外国申请专利前，应当向国务院专利行政部门提出保密审查请求，经过审查认为不涉及国家安全或者重大利益的，才可以向外国提出专利申请。关于如何认定某项发明或者实用新型是否是在中国完成的，《专利法》本身未直接规定，需要参考《专利法实施细则》关于发明人的定义。原《专利法实施细则》第十二条规定，发明人或者设计人是对发明创造的实质性特点作出创造性贡献的人。因此，如果对一项发明或者实用新型的实质性特点的创造性贡献是由中国境内的自然人作出的，该发明或者实用新型就是在中国完成的。对于多国研发人员合作完成的发明或者实用新型，如果要确定是否属于在中国完成的，则可以根据权利要求或者技术方案进行判断。关于保密审查的具体程序，将在配套的行政法规中予以明确。

本次修改在本条中增加了一款，明确了违反保密审查要求的法律后果，即"对违反本条第一款规定向外国申请专利的发明或者实用新型，在中国申请专利的，不授予专利权。"该款所述"不授予专利权"包括三种情况：一是在初步审查中发现申请人有违反本条第一款的情况而驳回其申请；二是在实质审查中发现申请人有违反本条第一款的情况而驳回该申请；三是在无效程序中因发现申请人有违反本条第一款的情况而宣告被授予的专利权无效。

十三、关于第二十一条

对本条的修改在于增加了第二款，明确了国家知识产权局传播专利信息的职能，该款规定："国务院专利行政部门应当完整、准确、及时发布专利信息，定期出版专利公报。"

传播专利信息是专利制度的基本功能之一，对提高创新起点、减少重复研发活动、避免侵犯他人专利权、促进科技进步和经济社会发展具有十分重要的意义。尽管本次修改前《专利法》第三十四条、第三十九条、第四十条分别规定了发明专利申请的公布、发明专利权的授权公告、实用新型专利权和外观设计专利权的授权公告，但这些条款仅仅是将公布或者公告作为审查或者授权的必要程序之一予以规定，《专利法》中还缺乏对专利信息传播工作的整体定位。

随着我国社会主义市场经济体制的逐步完善和经济社会的全面发展，专利制度日益受到市场主体和创新主体的重视，企事业单位和社会公众对专利信息的需求日益增长。同时，广大公众对国家知识产权局提供专利信息的完整性、准确性、及时性的要求也日益提高。为促进创新型国家建设、创建服务型政府、规范专利信息的传播，本次修改对专利信息的发布和专利公报的出版作出了明确规定。

十四、关于第二十二条

对本条的修改主要涉及以下三个方面。

一是改变了本条第二款和第三款对发明和实用新型的新颖性、创造性作出规定的逻辑结构，将其统一建立在现有技术的基础之上。

尽管"现有技术"在专利审查实践中已经成为最为常用的术语，但是《专利法》通篇却没有出现这一措辞。本次修改前的本条第二款前半部分实际上隐含了现有技术的定义，却没有冠以"现有技术"的称呼；本次修改前的本条第三款规定："创造性，是指同申请日以前已有的技术相比，该发明有突出的实质性特点和显著的进步,该实用新型有实质性特点和进步",其中采用了"已有的技术"一词,却没有对它作出定义;原《专利法实施细则》第三十条规定"专利法第二十二条第三款所称已有的技术,是指申请日(有优先权的,指优先权日)前在国内外出版物上公开发表、在国内公开使用或者以其他方式为公众所知的技术,即现有技术",对现有技术作了定义,却没有明确判断本条第二款规定的新颖性的基础也是现有技术。这样的规定方式较为杂乱,使人难于一目了然地弄清各条款之间的关系。

  本次修改后的本条对新颖性和创造性的规定统一采用了现有技术的概念,第二款规定"新颖性,是指该发明或者实用新型不属于现有技术";第三款规定"创造性,是指与现有技术相比,该发明具有突出的实质性特点和显著的进步,该实用新型具有实质性特点和进步",最后在本条中增加了第五款,对现有技术进行了定义。这种结构安排和表述方式便于公众理解现有技术的概念和新颖性、创造性的标准。

  二是拓宽了现有技术的范围,规定为申请日以前在国内外为公众所知的技术均属于现有技术。

  本次修改前的本条第二款对不同类型的现有技术规定了不同的地域范围,其中以出版物方式公开的现有技术的范围是全球性的;以使用或者其他方式公开的现有技术的范围仅限于国内。因此,对于专利申请日前在国外公开使用或者以其他方式为公众所知的技术,均不能作为现有技术来判断发明和实用新型专利申请的新颖性、创造性。随着经济全球化趋势的日益明显和科学技术的迅猛发展,尤其是网络技术的突飞猛进,出版物公开与非出版物公开之间的界限已经越来越模糊,将非出版物公开的现有技术限制在我国地域之内已逐渐变得没有实际意义,且缺乏可操作性。更为重要的是,对没有公开发表过,但在国外已经被公开使用过或者公开销售过的产品或者方法,只要在我国国内还没有公开使用或者销售,就可以在我国被授予专利权,这不利于鼓励真正的发明创造,提高我国授权专利的质量和水平。让国外已经能够为公众自由使用的技术在我国受到专利权的控制,会损害公众的合法利益,也不利于企业之间的公平竞争。随着专利制度的国际协调,现在绝大多数国家的专利法对现有技术的地域范围都没有加以区分。因此,本次修改取消了对现有技术的地域性限制,采用了国际通行的绝对新颖性标准。

由于本次修改前的本条第二款对现有技术有地域性限制,必然需要明确哪些类型的公开限于我国境内,哪些类型的公开不限于我国境内。既然取消了地域性限制,就没有必要再列举公开的类型了。因此,本次修改《专利法》将本条第五款简化了对现有技术的定义,该款规定"本法所称现有技术,是指申请日以前在国内外为公众所知的技术。"

采用本次修改后的"现有技术"概念,发生在外国的公开使用或者以其他方式为公众所知的技术内容将会构成现有技术,可以作为驳回专利申请或者请求宣告专利权无效的证据。何种证据能够证明相关技术已经在国外公开使用或者以其他方式为公众所知,将是实践中非常重要的问题。对此,国家知识产权局制定的《审查指南》将作出明确规定,以避免标准不明确、不统一而带来混乱。

三是改变了构成抵触申请的条件,使抵触申请包含任何单位或者个人在先申请、在后公布或者公告的发明或者实用新型专利申请。

根据本条第二款的规定,判断一项发明或者实用新型专利申请是否具备新颖性,除了与属于现有技术中的所有技术相比之外,还要看是否存在与该申请的技术内容相同的在先提出在后公布或者公告的申请,即抵触申请。构成抵触申请的发明或者实用新型虽然不是在后申请的申请日以前已经公开的技术,不能按照现有技术的概念影响在后申请的新颖性,但是如果对申请日不同但内容相同的两份申请都授予专利权,就会导致对同样的发明创造重复授予专利权的结果,这不符合"禁止重复授权原则"。规定存在抵触申请的发明或者实用新型专利申请也不具备新颖性,不能被授予专利权,是落实"禁止重复授权原则"的重要举措。

然而,按照本次修改前的本条第二款的规定,能够构成抵触申请的,仅限于"他人"在先提交的发明或者实用新型专利申请。这样,同一申请人在先提交的发明或者实用新型专利申请,就不能构成该申请人随后提交的另一份发明或者实用新型专利申请的抵触申请。在这样的情况下,要避免重复授权,只能依据修改前的《专利法实施细则》第十三条第一款的规定。

值得注意的是,采用有关抵触申请的规定防止重复授权与依据《专利法实施细则》第十三条第一款的规定防止重复授权,两者在效果上是不同的。对前者而言,依照本条规定应当采用新颖性的判断方式,即判断在后发明或者实用新型专利申请的权利要求书所要求保护的技术方案是否被抵触申请的整个申请文件披露,除了抵触申请的权利要求书之外,还包括其说明书和附图;对后者而言,国家知识产权局在《审查指南》中规定了一种比较特殊的判断方式,即判断先后两份发明或者实用新型专利申请是否要求保护相同的技术方案,也就是仅对两份专利申请的权利要求书的内容进行比较。

两种判断方式相比,存在两方面的区别。第一,从判断的难易程度上看,新颖性标准是世界各国专利法都有规定的标准,经过上百年的专利实践已经形成了成熟和规范的判断规则,因此前者运用起来更为容易一些;第二,从防止重复授权的效果上看,前者显然更加严格一些,因而能够更为彻底地防止重复授权。例如,在先申请和在后申请的说明书都披露了产品和制造该产品的专用设备,但在先申请仅仅要求保护该产品,而在后申请要求保护该专用设备,此时就不能依据修改前的《专利法实施细则》第十三条第一款,对在后申请不授予专利权;但依据本次修改后的本条第二款,在先申请的说明书和权利要求书均可以作为评价在后申请要求保护的技术方案是否具有新颖性的基础,由于在后申请要求保护的专用设备已经在在先申请的说明书中记载,因而在先申请进行了公布或者授权公告的情况下，在后申请也不能授予专利权。

本次修改，将本条第二款中原来规定的"他人"改为"任何单位或者个人"，扩大了抵触申请的范围，能够更为彻底地防止重复授权，这在我国专利申请数量剧增，重复申请的现象时有发生的背景下，具有重要意义。

除前述实质性修改外，还对本条第二款的措辞作了完善，在有关抵触申请的表述中增加了"申请日以前"、"或者公告的专利文件"的文字。

十五、关于第二十三条

对本条的修改涉及以下四个方面。

一是修改了外观设计专利权授权条件的表述方式。

本次修改后的本条第一款和第二款采用了与本次修改后的《专利法》第二十二条关于发明和实用新型专利权的授权条件相对应的表述方式，将外观设计专利权的授权条件统一建立在现有设计的基础之上，同时增加第四款对现有设计作出定义，并拓宽了本次修改前的本条第一款所规定的现有设计的范围，该款规定为："本法所称现有设计，是指申请日以前在国内外为公众所知的设计。"

上述修改的理由参见对《专利法》第二十二条的修改说明。

二是提高了外观设计专利权的授权标准。

1984年制定的《专利法》时，本法第二十三条规定："授予专利权的外观设计，应当同申请日以前在国内外出版物上公开发表过或者国内公开使用过的外观设计不相同或者不相近似。""不相同或者不相近似"的表述方式容易使人将授予外观设计专利权的条件理解为只需满足"不相同"与"不相近似"中任何一个要求即可。这样理解的外观设计授权标准过低，而且也不符合国家知识产权局实际采用的授权标准。为了克服这一缺陷，2000年第二次修改专利法时，将其改为"不相同和不相近似"。此外，国家知识产权局在2001年、2006年修改《审查指南》时，也相应调整了对不相同和不相近似的判断标准。但是总体而言，我国实际采用的外观设计专利权授权标准仍然偏低，例如规定只有对属于相同或者相近类别的产品，才有可能存在外观设计相近似的情况；在判断是否相同和相近似时，一般应当用一项在先设计与被比设计进行单独对比，而不能将两项或者两项以上在先设计组合起来与被比设计进行对比。

近年来，我国外观设计专利申请量大幅度提升，授权标准偏低的问题更显突出。一些申请人通过简单摹仿现有设计或者简单拼凑现有设计特征形成其提出专利申请的外观设计，也能获得外观设计专利权并被维持有效。这种状况不利于充分发挥专利制度对我国产品外观创新活动的激励作用。为了尽快提高我国产品外观的创新水平，形成丰富多彩、更具有市场竞争力的产品样式，有必要适当提高外观设计专利权的授权标准。

本次修改《专利法》引入了 TRIPS 协议中采用的外观设计授权标准，即"各成员可以规定，与现有设计相比或者与现有设计的组合相比没有明显区别的外观设计，不是新的或者原创的"，将本条本次修改前规定的外观设计专利权的授权标准改为两个层次的标准，类似于发明和实用新型的"新颖性"标准和"创造性"标准，分别在本条第一款和第二款予以规定。

本次修改后的本条第一款前半部分规定："授予专利权的外观设计，应当不属于现有设计。"这一规定排除了与现有设计相比整体视觉效果上实质相同的外观设计，包括与该现有设计完全相同的外观设计，也包括仅在非设计要点上与现有设计相比有局部细小区别的外观设计。

本次修改后本条第二款规定："授予专利权的外观设计与现有设计或者与现有设计特征的组合相比，应当有明显区别。"这一规定包含两层含义：一是授予专利权的外观设计与每一项现有设计单独相比，不仅不应当在整体视觉效果上实质相同，还应当具有明显区别，这一标准排除简单的商业性转用类设计，例如对自然物的简单摹仿，采用众所周知的外观设计特征等，也排除与现有设计不相同但与现有设计的区别对产品的整体视觉效果不具有显著影响的外观设计;二是允许将两项或者两项以上现有设计的特征组合起来,判断申请获得专利权的外观设计与之相比是否具有明显区别,这一标准排除将惯常设计特征、知名产品的设计特征组合而成的设计,也排除对多项现有设计的特征进行简单组合而成的设计。

三是与发明和实用新型专利授权标准相类似,在外观设计专利权的授权标准中引入抵触申请的规定。

本次修改后的《专利法》第九条第一款规定的禁止重复授权原则也同样适用于外观设计专利权。如前所述,有关抵触申请的规定是落实禁止重复授权原则的重要举措。为了防止同一申请人或者不同申请人就同样的外观设计先后提出的两份申请都授予专利权,有必要在本条第一款的规定中引入抵触申请的规定。为此,本次修改后的本条第一款后半部分规定,授予专利权的外观设计应当"也没有任何单位或者个人就同样的外观设计在申请日以前向国务院专利行政部门提出过申请,并记载在申请日以后公告的专利文件中"。

四是将本条本次修改前有关"不得与他人在先取得的合法权利相冲突"的规定单独作为本条第三款,并对其条文做了修改。

现实中,常有将他人已经注册为商标或者享有著作权的作品中的图案或者造型申请并获得外观设计专利权的现象发生,导致不同人对同样的客体享有不同类型的知识产权,在行使这些知识产权时会产生不同权利相互冲突的问题。例如,商标注册人或者著作权人控告他人侵犯其商标专用权或者著作权,而被控侵权人以享有外观设计专利权为理由进行"抗辩",使行政机关或者法院难以作出判断。针对这一问题,2000年第二次修改《专利法》时在本条中增加了授予专利权的外观设计"不得与他人在先取得的合法权利相冲突"的规定。2001年第二次修改的《商标法》第九条也增加了相同的规定。

但是,这一规定存在的问题是没有明确规定"在先"的含义。

具体来说，是在外观设计专利的申请日前还是授权日前？如果他人的商标专用权或者著作权是在外观设计的申请日后授权日前取得，是否可以以权利冲突为理由宣告外观专利权无效？考虑到这一规定的主要目的是防止外观设计专利申请人在申请时将他人已经注册并公告的商标或者他人已享有著作权的作品作为自己的"设计"申请专利的不正当行为，因此，本次修改将本条本次修改前规定的"不得与他人在先取得的合法权利相冲突"改为"授予专利权的外观设计不得与他人在申请日以前已经取得的合法权利相冲突"。

十六、关于第二十五条

对本条的修改是在第一款中增加一项，作为第（六）项，规定对平面印刷品的图案、色彩或者二者的结合作出的主要起标识作用的设计，不授予专利权。

我国每年受理的外观设计专利申请量已经位居世界第一，但在受理的外观设计申请和授予的外观设计专利中，有相当数量涉及的是瓶贴、平面包装袋等的主要起标识作用的平面图案设计。这既不利于提高我国对产品本身外观的创新水平，促进我国品牌产品的形成，提高我国产品的国际竞争力，也会增大外观设计专利权与商标专用权、著作权之间的交叉与冲突。为了鼓励设计人将其创新能力更多地集中到产品本身外观的创新上，本次修改将"对平面印刷品的图案、色彩或者二者的结合作出的主要起标识作用的设计"排除在授予外观设计专利权的客体之外。

"平面印刷品"主要指平面包装袋、瓶贴、标贴等用于装入被销售的商品或者用于附着于其他产品之上、不单独向消费者出售的二维印刷品；"主要起标识作用"是指二维印刷品的图案、色彩或者二者的结合主要是用于让消费者识别被装入的商品或者被附着的产品的来源或者生产者，而不是用于使被装入的商品外观或者被附着的产品外观本身"富有美感"而吸引消费者。应当注意的是，能够产生识别产品来源或者生产者作用的标识并不限于商标标识或者厂家名称，只要二维印刷品的图案、色彩或者其结合主要规定，对于无法说明原始来源的，申请人可以不说明该来源，但应陈述理由，作出合理解释。

遗传资源的直接来源，主要是指申请人获得该遗传资源的直接渠道；原始来源主要是指该遗传资源的自然生长地或者采集地，而不是指该物种在历史上的起源地。例如，申请人从某基因库或者种子库中获得遗传资源，该基因库或者种子库就是获得该遗传资源的直接来源，该基因库或者种子库所记载的该种子的提供国及其详细地点就是获取该遗传资源的原始来源。如果申请人是通过直接从我国某森林中采集某种植物而获取其遗传基因并利用该基因开发了一种新药，则该森林所在地既是获取该遗传资源的直接来源，也是获取该遗传资源的原始来源。

由于本款内容是在专利程序中引入了一个新的机制，如何说明、以什么形式说明、说明到何种程度以及未依法说明的法律后果等问题，将在本次修改后的《专利法实施细则》以及国家知识产权局的部门规章中作进一步规定。

十八、关于第二十七条

对本条的修改涉及以下两个方面。

一是增加外观设计的简要说明作为外观设计专利申请的必要文件。

本次修改前的本条除规定申请外观设计专利应当提交请求书以及图片或者照片等文件外，进一步要求应当写明使用该外观设计的产品及其所属的类别，但是没有指出应当在何种文件中写明这些内容。本次修改前的《专利法实施细则》第二十八条规定，申请外观设计的，必要时应当写明对外观设计的简要说明，简要说明应当写明使用该外观设计的产品的设计要点、请求保护色彩、省略视图等情况。

按照本次修改前的《专利法》第五十六条第二款的规定，外观设计专利权的保护范围以表示在图片或者照片中的该外观设计专利产品为准，但是，仅仅依靠图片或者照片还不足以准确地限定要求保护的产品的外观设计。承载外观设计的产品的名称、用途、类别，外观设计的设计要点、是否要求保护色彩以及省略视图等情况，都对外观设计专利权保护范围的确定有直接影响。因此，本次修改将该条规定修改为："外观设计专利权的保护范围以表示在图片或者照片中的该产品的外观设计为准，简要说明可以用于解释图片或者照片所表示的该产品的外观设计。"与该条规定相呼应，应当规定简要说明是申请外观设计专利必须提交的申请文件之一。

二是将原《专利法实施细则》第二十七条第三款的内容挪入本条作为第二款，并对条文进行修改，该款规定："申请人提交的有关图片或者照片应当清楚地显示要求专利保护的产品的外观设计。"

外观设计专利权的保护范围以表示在图片或者照片中的该产品的外观设计为准，因此图片或者照片是外观设计专利的重要法律文件，其作用不但在于披露外观设计的设计方案，还是确定外观设计专利权保护范围的主要依据。如果图片或者照片不能清楚地显示要求专利保护的产品的外观设计，则无法准确界定外观设计专利权的保护范围，因而也就无法清楚地界定侵犯外观设计专利权的行为。因此，清楚地显示要求专利保护的产品的外观设计，是对图片或者照片的实质性要求。这一要求由法律位阶较低的《专利法实施细则》予以规定不太妥当，因此对本条作了上述修改。

十九、关于第三十一条

对本条的修改在于增加了允许一件外观设计专利申请包含多项外观设计的一种情形，即规定同一产品两项以上的相似外观设计可以作为一件申请提出。

在实践中，同一设计人在对一种产品的外观提出新的设计方案时，往往会在形成一种基本设计方案的同时，围绕该基本设计方案对同一产品形成许多与该基本设计相似的设计方案。外观设计专利申请人普遍希望对其基本设计方案以及相似外观设计方案均获得专利保护，以免在侵权诉讼中因被控侵权产品的设计与获得专利权的外观设计相比略有不同而被认定为不侵犯其外观设计专利权。然而，按照本次修改前的《专利法》以及《专利法实施细则》的规定，这一愿望却难以实现，其原因在于：如果在一件外观设计专利申请中要求保护同一产品的多个相似的外观设计，则会因为不符合修改前的本条第二款规定的单一性要求而被驳回；如果分别提出多项外观设计专利申请，又会因为不符合"同样的发明创造只能授予一项专利权"的规定而被驳回。为了解决这一问题，本次修改后的本条允许对同一产品的两项以上的相似外观设计合案提出外观设计专利申请，以充分保护外观设计专利申请人的正当权益。

对于如何界定相似外观设计，一件申请中最多允许多少个相似设计，授权后转让专利权是否必须一并转让，基本设计被宣告无效后其他相似设计是否当然宣告无效等问题，将在本次修改后的《专利法实施细则》以及国家知识产权局的部门规章中作进一步规定。

二十、关于第四十七条

对本条的修改涉及以下两个方面。

一是将本条第二款中的"裁定"改为"调解书"。

考虑到专利权无效宣告请求可以在授权后的任何时间提起，甚至在专利权期限届满后仍可以提出，因此有可能在认定侵权成立的判决或者处理决定执行完毕的很长时间之后，或者在专利实施许可合同或者专利权转让合同实际履行的很长时间之后，专利权才被宣告无效。此外，即使在专利侵权纠纷中被告在答辩期提出了专利权无效宣告请求，法院也可以根据最高人民法院有关司法解释，采取不中止发明专利侵权诉讼的做法，从而也可能导致法院认定侵权成立的判决执行以后，专利权又被宣告无效的情况。如果规定宣告专利权无效的决定对侵权纠纷的判决、处理决定以及已经履行的专利实施许可合同和专利权转让合同都具有追溯力，则受让人、被许可人、原侵权纠纷的被告或者被请求人需另外提起诉讼，要求原专利权人退还已获得的转让费、使用费和损害赔偿金，这不仅给双方当事人增加了诉累,也增加了法院和专利管理机关处理侵权纠纷的难度,会影响经济秩序的稳定性。因此,本次修改前的本条第二款明确规定:"宣告专利权无效的决定,对在宣告专利权无效前人民法院作出并已执行的专利侵权的判决、裁定,已经履行或者强制执行的专利侵权纠纷处理决定,以及已经履行的专利实施许可合同和专利权转让合同,不具有追溯力。"

"裁定"是法院在审理民事案件过程中,为保证审判工作的顺利进行,就诉讼程序方面的有关事项所作的判定。例如不予受理、财产保全、准许或不准许撤诉、中止或者终结诉讼等。依照与专利有关的司法解释的规定,法院在专利诉讼中还可以作出诉前停止侵权行为、诉前财产保全、诉前证据保全等裁定。在实践中,不乏这样的情况:专利权人在提起侵权诉讼之前或者同时申请停止侵权、财产保全或者证据保全,并为此提供了担保,而在后来的诉讼过程中,侵权诉讼所依据的专利权被宣告无效,由于专利权被宣告无效意味着该专利权自始即不存在,专利权人的侵权诉讼由于缺乏基础被法院驳回诉讼请求;而在此之前,经原告申请并由法院作出的停止侵权、财产保全或者证据保全等裁定,已经给被控侵权人造成了损失,理应由原告赔偿。事实上,法院在接受原告在起诉之前或者同时提出的相关申请时,依法要求其提供担保,其目的之一就是在出现由于申请错误给对方当事人造成损失时作为赔偿之用。如果无效宣告决定对专利侵权案件中已经执行的裁定,一律不具有追溯力,就意味着被告不能就其因原告错误申请前述措施而蒙受的损失要求获得赔偿,这将导致临时措施、财产保全或者证据保全制度中有关担保和申请错误反赔的制度设计落空,从而鼓励专利权人滥用临时措施、财产保全和证据保全制度,甚至恶意提出有关申请。基于上述理由,本次修改将第二款中的"裁定"删除。

对于法院作出并已获得执行的专利侵权调解书,其效力类似于专利侵权判决,结合本条有关立法本意,也应一并规定宣告专利权无效的决定对其不具有追溯力。因此,本条第一款在删除"裁定"

的同时,又增加了"调解书"。

二是简化了本条第三款的表述方式,并增加"专利侵权赔偿金"作为应当返还的费用之一。

本次修改前的本条第三款规定:"如果依照前款规定,专利权人或者专利权转让人不向被许可实施专利人或者专利权受让人返还专利使用费或者专利权转让费,明显违反公平原则,专利权人或者专利权转让人应当向被许可实施专利人或者专利权受让人返还全部或者部分专利使用费或者专利权转让费。"

在认定专利侵权指控成立的情况下,侵权人应当承担的民事责任之一是支付专利侵权赔偿金。支付专利侵权赔偿金与支付专利实施许可合同的专利使用费在性质上有相似之处,都是在专利权有效的前提条件下,实施该专利的人应当向专利权人支付的费用。如果所涉及的专利权后来被宣告无效,实施者应当支付有关费用的基础就不存在了。既然如此,在本条第三款规定的情形下,专利权人向有关当事人返还全部或者部分的相关费用也应当包括专利侵权赔偿金。因此,本条第二款增加了全部或者部分返还专利侵权赔偿金的规定,并简化了本款规定,将其改为:"依照前款规定不返还专利侵权赔偿金、专利使用费、专利权转让费,明显违反公平原则的,应当全部或者部分返还。"

二十一、关于第四十八条

对本条的修改涉及如下两个方面。

一是将给予实施专利的强制许可的理由修改为"专利权人自专利权被授予之日起满三年,且自提出专利申请之日起满四年,无正当理由未实施或者未充分实施其专利的"。

根据 TRIPS 协议第 31 条(b)的规定,除国家紧急状态或者其他极端紧急情况下以及为公共的非商业使用而颁发强制许可外,以合理条件请求专利权人给予实施其专利的许可,然而未能在合理长的时间内获得该许可,是请求颁发专利实施强制许可的程序性条件,而不是颁发强制许可的理由。本次修改前的本条将"以合理的条件请求发明或者实用新型专利权人许可实施其专利，而未能在合理长的时间内获得这种许可"这一程序性条件与授予专利强制许可的理由混淆在一起，这是不恰当的。这一规定不宜作为强制许可的一种类型，原本应当并入本次修改前《专利法》第五十一条之中，作为颁发专利强制许可的程序性条件予以规定。

从专利制度的发展历史上看，强制许可制度与专利权人在专利权的授予国实施专利的义务有关。《保护工业产权巴黎公约》第5条1（2）列举的颁发专利强制许可的唯一理由就是不实施专利。以未实施或者未充分实施专利作为颁发专利强制许可的理由，是世界各国专利制度中采取的普遍做法。专利权人在专利权授予后的合理长时间内无正当理由未实施或者未充分实施其发明专利或者实用新型专利的，允许具备实施条件的单位或者个人可以启动请求给予强制许可的程序，这对于推动发明创造的应用，保证专利制度的正常运行是必要的。以未实施或者未充分实施为理由请求给予强制许可的，在时间上有一个限制，即只能在专利权被授予之日起满三年，且自提出专利申请之日起满四年的情况下提出。授权之日起满三年，是本次修改前的《专利法实施细则》第七十二条的规定。之所以增加"且自提出专利申请之日起满四年"的要求，是因为《保护工业产权巴黎公约》第5条1（2）中有明确规定。此外，如果专利权人在上述期间内未能实施或者充分实施其专利有正当理由，如由于我国禁止或者限制该类产品的生产、进口或者流通，则不能以未实施或者未充分实施为理由给予强制许可。

关于"未充分实施"的含义，将在本次修改后的《专利法实施细则》中作出具体规定。

二是增加"专利权人行使专利权的行为被依法认定为垄断行为，为消除或者减少该行为对竞争产生的不利影响"作为给予实施专利的强制许可的理由。

TRIPS协议第8条规定了该协议的原则，其中允许各成员采取适当措施防止权利人滥用知识产权或者采取不合理地限制贸易的做法；TRIPS协议第2部分第8节规定了对协议许可中反竞争行为的控制，第40条规定"本协议的任何规定并不阻止成员在其立法中明确规定，在特定情况下可能对知识产权的滥用、在有关市场上对竞争有不利影响的许可做法或者条件"，并可以"依据该成员的有关法律和法规，采取适当措施制止或者控制这类做法，其中可以包括，例如排他性的返授条件、制止对知识产权的有效性提出质疑的条件以及强迫性的一揽子许可"；第31条规定了给予和实施强制许可的限制性要求，明确规定为了对经过司法或者行政程序确定为反竞争行为给予补救而颁发的强制许可的，可以豁免"合理期限内未能以合理条件获得许可"和"主要供应国内市场"这两项条件限制性要求。这些规定表明，"经过司法或者行政程序确定为反竞争行为而给予补救"，是给予强制许可的理由之一。对专利权人滥用专利权构成垄断行为的，TRIPS协议允许成员通过颁发强制许可给予纠正，以维护公平的竞争秩序，保障公众的合理利益。

2007年8月30日第十届全国人大常委会第二十九次会议通过、2008年8月1日起施行的《中华人民共和国反垄断法》第五十五条规定："经营者依照有关知识产权的法律、行政法规规定行使知识产权的行为，不适用本法；但是，经营者滥用知识产权，排除、限制竞争的行为，适用本法。"因此，如果专利权人滥用知识产权的行为被反垄断机构认定为构成反垄断法规定的经营者达成垄断协议、经营者滥用市场支配地位以及具有或者可能具有排除、限制竞争效果的经营者集中这三种垄断行为之一的，应当按照《中华人民共和国反垄断法》第七章的规定，承担停止违法行为、没收违法所得、缴纳罚款等行政违法责任以及赔偿损失的民事责任。

《专利法》为了实现与《中华人民共和国反垄断法》配套和衔接，有必要增加对利用专利权形成垄断的行为提供必要救济措施的规定，即在专利权人行使其专利权的行为被依法认定为垄断行为的情况下，可以给予强制许可。一旦反垄断执法机构或者法院作出的认定专利权人行使专利权的行为构成垄断的行政决定或者司法判决生效后，国务院专利行政部门就可根据具备实施条件的单位或者个人的申请，给予实施专利的强制许可，以消除或者减少垄断行为对竞争产生的不利影响。

二十二、关于第五十条

本条为新增条款，规定在特定情况下国务院专利行政部门可以给予制造并出口专利药品的强制许可。

按照 TRIPS 协议第 31 条（f）的规定，专利强制许可只能主要用于供应国内市场。这一限制对不具有制药能力或者能力不足的国家利用强制许可制度解决公共健康问题带来了极大的法律障碍，因为这些国家通过颁发强制许可允许在其国内制造专利药品没有实际意义，只能依赖进口所需专利药品，才能解决其国内出现的公共健康问题，如果进口专利权人投放国际市场的专利药品，由于其价格昂贵，该国民众难以承受；如果希望进口他国通过强制许可生产的价格较为低廉的仿制专利药品，则他国又受到 TRIPS 协议前述规定的限制，不能出口。这样，一些发展中国家或者最不发达国家就会面临左右为难的境地。

为克服 TRIPS 协议第 31 条（f）对这些国家解决公共健康问题带来的这一障碍，2001 年在多哈举行的世界贸易组织部长级会议通过了著名的《多哈宣言》，责令 TRIPS 理事会限期解决这一问题。世贸组织总理事会于 2003 年 8 月 30 日通过了《关于实施 TRIPS 协议与公共健康宣言第 6 段的决议》，允许其成员为解决缺乏制药能力或者能力不足的其他成员面临的公共健康问题而颁发强制许可，制造有关药品并将其出口到这些成员，从而突破了现行 TRIPS 协议第 31 条（f）的前述限制性规定。2005 年 12 月 6 日，世界贸易组织总理事会通过了《关于修改 TRIPS 协议的议定书》，将前述决议的实质性内容纳入 TRIPS 协议。世界贸易组织成员可以在 2007 年 12 月 1 日（总理事会于 2007 年 12 月 21 日作出决定，将批准议定书的最后期限延长到 2009 年 12 月 31 日）之前或者部长级会议确定的其他日期之前，按照国内法程序接受该议定书。世界贸易组织成员中的2/3的成员接受该议定书后,将按照议定书的内容对TRIPS协议作出修改并予以生效。截止到2008年12月31日,按先后顺序,共有美国、瑞士、萨尔瓦多、韩国、挪威、印度、菲律宾、以色列、日本、澳大利亚、新加坡、中国香港、中国、欧共体、毛里求斯、埃及、墨西哥、约旦和巴西等19个成员批准接受该议定书。

第十届全国人大常委会第三十次会议于2007年10月28日批准接受了该议定书。国家知识产权局于2005年11月制定了《涉及公共健康问题的专利实施强制许可办法》,以落实总理事会决议建立的相关机制,但由于规章的级别较低,只能对某些问题作过渡性规定。为了落实全国人大常委会作出的决定,更好地行使议定书规定的权利并承担议定书规定的义务,应当通过立法授权国家知识产权局在符合规定条件的情况下给予强制许可,允许我国企业制造有关专利药品并将其出口到符合我国参加的有关国际条约规定的国家或者地区,帮助解决其面临的公共健康问题。

本条规定的"中华人民共和国参加的有关国际条约",现阶段是指TRIPS协议及其议定书;本条规定的"符合中华人民共和国参加的有关国际条约规定的国家或者地区"既包括按照议定书的明文规定有权作为进口方的世界贸易组织的成员(包括所有最不发达成员以及缺乏有关药品的制造能力或者能力不足并依照TRIPS协议规定已履行了相关手续的发展中或者发达成员),也包括目前还不是世界贸易组织成员的最不发达国家。加拿大、挪威、荷兰和欧盟有关落实议定书的立法中已将进口方的范围扩大到了不是世界贸易组织成员的最不发达国家,世界贸易组织各成员和TRIPS协议理事会对此均未表示异议。在国家知识产权局提请国务院审议的《〈专利法〉修订草案(送审稿)》和国务院提请全国人大常委会审议的《〈专利法〉修正案(草案)》的相关条款中,曾明确列出了世界贸易组织成员和非世界贸易成员的最不发达国家这两种类型的国家,人大常委会对《〈专利法〉修正案(草案)》审议后简化了本条文字表述，但对该条款实质内容的理解并无变化。

应当指出的是，《关于实施 TRIPS 协议与公共健康宣言第 6 段的决议》和《关于修改 TRIPS 协议的议定书》的规定比较复杂，有大量的限制性条件。考虑到我国立法惯例，这些限制性条件将留待修改后的《专利法实施细则》以及国家知识产权局的部门规章作进一步的详细规定。

二十三、关于第五十二条

本条为新增条款，将原《专利法实施细则》第七十二条第四款后半部分的规定移入《专利法》中，作为本条规定。

根据本条规定，如果某一项专利涉及的发明创造为半导体技术，对此专利给予强制许可的理由只能是为了公共利益的目的，或者是专利权人行使专利权的行为被依法认定为垄断行为，为消除或者减少该行为对竞争产生的不利影响。换句话说，对涉及半导体技术的专利，不能依据《专利法》第四十八条第（一）项，即以专利权人未在规定期限内实施或者充分实施其专利为理由给予强制许可。

根据 TRIPS 协议第 31 条（c）的规定，未经权利人许可而实施该专利的范围和期限应当受到实施目的的限制，在涉及半导体技术的情形下，只能限于为公共的非商业性使用，或者用于经司法或行政程序确定为反竞争行为而给予的补救。2000 年第二次修改《专利法实施细则》时，为了与 TRIPS 协议的上述规定相一致，消除我国加入世界贸易组织可能存在的法律障碍，在《专利法实施细则》中增加了该条款，措辞上也尽量与 TRIPS 协议的原文相一致。本次修改《专利法》，将颁发强制许可的理由和限制条件等重要内容均在《专利法》中予以明确，本条款属于对颁发强制许可理由方面的限制性规定，应当移入《专利法》中。

二十四、关于第五十三条

本条为新增条款，将原《专利法实施细则》第七十二条第四款前半部分的规定移入《专利法》中并作了相应修改。

如前所述，TRIPS协议第31条（f）规定，未经权利人许可的实施应当主要是为了供应成员的本国市场，这是该协议对强制许可实施范围的重要限制。原《专利法实施细则》第七十二条第四款前半部分的规定体现了TRIPS协议的上述规定。

本条在写入"强制许可的实施应当主要是供应国内市场"的限制性要求的同时，还规定了该限制性要求的两种例外情形：一是本次修改后的《专利法》第四十八条（二）项规定的专利权人行使专利权的行为被依法认定为垄断行为，为消除或者减少该行为对竞争产生的不利影响而给予强制许可的；二是本次修改后《专利法》第五十条规定的给予制造并出口专利药品的强制许可的。

TRIPS协议第31条（k）规定，如果未经权利人许可的使用是对经过司法或者行政程序确定为反竞争行为给予补救，各成员没有义务适用（f）规定的条件。据此，本次修改后的本条将《专利法》第四十八条第（二）项规定的强制许可作为例外情形之一。

《关于实施TRIPS协议与公共健康宣言第6段的决议》、《关于修改TRIPS协议的议定书》都是为了克服TRIPS协议第31条（f）的限制规定而产生的。《关于修改TRIPS协议的议定书》附件"第31条之二"第3段明确规定，为帮助不具有制药能力或者能力不足的成员解决公共健康问题，其他成员可颁发强制许可制造专利药品并将该药品出口到这些成员。在此情况下，对出口成员豁免第31条（f）的限制性规定，但出口成员生产的药品必须全部出口到进口成员，不允许在国内市场流通。为落实前述国际条约的规定，本次修改后的《专利法》第五十条规定，为了公共健康目的，可以颁发强制许可，允许制造取得专利权的药品并将其出口到符合TRIPS协议规定的国家或者地区。这是专为制造并出口专利药品而颁发的强制许可，当然不能受只能主要供应国内市场的限制。因此本条将《专利法》第五十条规定的强制许可作为例外情形之二。

二十五、关于第五十四条

本条由对本次修改前《专利法》第五十一条进行修改而来，

规定了按照本次修改后的《专利法》第四十八条第（一）项以及第五十一条给予强制许可必须满足的程序性条件。

TRIPS协议第31条对颁发强制许可时应当符合的条件和遵循的程序作了详细规定，其中（b）规定，以合理条件在合理长时间内请求专利权人给予实施其专利的许可，是申请给予强制许可的条件之一，但同时也明确了在国家处于紧急状态或者有其他特别紧急的情形或者为公共的非商业目的而给予强制许可的，或者对经过司法或者行政程序确定为反竞争行为给予补救而给予强制许可的，可以不受该条件的限制。

根据本条规定，依照本次修改后的《专利法》第四十八条第（二）项的规定为消除或者减少垄断行为对竞争产生的不利影响为理由申请给予强制许可的，以及依照《专利法》第四十九条的规定以国家出现紧急状态或者非常情况或者为公共利益目的为理由申请给予强制许可的，不必遵循"以合理条件在合理长时间内请求专利权人给予实施其专利的许可"的条件；而依照《专利法》第四十八条第（一）项的规定以"未实施或者未充分实施其专利"为由申请给予强制许可，以及依照《专利法》第五十一条的规定以实施从属专利为理由申请给予强制许可的单位或者个人应当提供证据，证明其以合理的条件请求专利权人给予实施其专利的许可，但未能在合理的时间内获得许可。依照《专利法》第五十条的规定，为其他国家或者地区制造并出口专利药品而给予强制许可的，实际也是出于"公共利益目的"，而且《关于修改 TRIPS 协议的议定书》没有要求申请此类强制许可应当努力与专利权人事先协商以获得许可。因此，本条规定也不适用于《专利法》第五十条规定的为公共健康目的而制造并出口专利药品的强制许可。

二十六、关于第五十七条

本条由对本次修改前《专利法》第五十四条进行修改而来，涉及强制许可使用费的支付问题。

TRIPS协议第31条（h）规定，给予强制许可的，应当根据个案情况，并考虑许可的经济价值，向专利权人支付足够的报酬。该协议本身对该要求没有规定例外情形，即无论基于何种原因给予的强制许可，被许可人都应当向专利权人支付使用费。本次修改前的《专利法》第五十四条也是如此规定的。

《关于修改TRIPS协议的议定书》的附件"第31条之二"第2段明确规定，若一出口成员根据本条确立的制度授予出口专利药品的强制许可，则该成员应当依据第31条（h）的规定，同时考虑该出口成员实施专利对有关进口成员的经济价值，支付适当报酬。但是，若进口成员对进口同一产品授予强制许可，而且出口成员已向专利权人支付报酬的，该进口成员不适用第31条（h）规定的支付报酬的义务。根据该规定，为解决进口方面临的公共健康问题，出口成员给予制造并出口专利药品的强制许可，进口成员给予进口同一专利药品的强制许可的，只要出口成员或者进口成员内的任一被许可人已经向专利权人支付使用费，即满足了TRIPS协议第31条（h）的规定。因此，在涉及专利药品进出口的强制许可问题上，支付使用费可以依照《关于修改TRIPS协议的议定书》的上述规定处理，以避免出现出口方和进口方的被许可人都向专利权人支付使用费的情况。

二十七、关于第五十九条

本条由对本次《专利法》修改前第五十六条进行修改而来，修改涉及以下三个方面。

一是在本条第一款最后增加"的内容"的措辞，更为明确地规定用说明书及附图进行解释的对象。

本次修改前第五十六条规定是"发明或者实用新型专利权的保护范围以其权利要求的内容为准，说明书和附图可以用于解释权利要求。"其中，"用于解释权利要求"的表述方式没有明确地规定被解释的具体对象。本次修改后的条文使该款的前后表述更加一致。

二是将本次《专利法》修改前第五十六条第二款规定的"外

观设计专利权的保护范围以表示在图片或者照片中的该外观设计专利产品为准",修改为"以表示在图片或者照片的该产品的外观设计为准"。

本次修改后的《专利法》第二条第四款对外观设计作出的定义是:"外观设计,是指对产品的形状、图案或者其结合以及色彩与形状、图案的结合所作出的富有美感并适于工业应用的新设计。"该定义表明,外观设计专利保护的客体不是产品本身,而是由产品的形状、图案、色彩等设计要素构成的该产品的外观设计,产品只是外观设计的载体。本次《专利法》修改前第五十六条第二款的表述与前述定义不吻合,因此作了上述修改。

应当注意的是,上述修改并不意味着在确定外观设计专利权的保护范围时,可以将外观设计抽象出来,使之脱离专利文件限定的采用该外观设计的产品单独予以保护,认为不论是什么产品,只要采用了相同或者相似的外观设计就落入了该外观设计专利权的保护范围。其理由在于:第一,产品的形状是外观设计的重要组成要素,而形状与产品是紧密关联,不可分离的,脱离了产品就谈不上形状;其次,图案、色彩在产品上的分布和配置方式也是外观设计的重要组成要素,也不能脱离产品予以考虑。因此,尽管外观设计专利权的保护客体不是产品本身,产品只是外观设计的载体,但是外观设计并不能脱离其载体而存在。本次《专利法》修改后的本条规定"以该产品的外观设计为准",而不是"以外观设计为准","该产品"三个字清楚地表达了外观设计与产品之间的紧密关系。

另一方面,对"该产品"的理解也不应仅仅限于完全相同的产品,在类似产品上采用相同或者相似的外观设计,仍然应当认为落入外观设计专利权的保护范围之内。

三是对本次《专利法》修改前第五十六第二款的规定进行了修改,并增加了补充规定。补充规定为:"简要说明可以用于解释图片或者照片所表示的该产品的外观设计。"

按照本次《专利法》修改前第五十六条第二款的规定,确定外观设计专利权的保护范围只能依据其图片或者照片,这在实践中可能导致两方面的问题:第一,有时会导致不适当地扩大外观设计专利权的保护范围,例如一项外观设计专利权要求保护的是一种玩具汽车的外观设计,但是仅从图片或者照片难于区分要求保护的是玩具汽车还是真正的汽车的外观设计。仅仅以图片或者照片为准来确定保护范围,容易导致将其扩大到囊括真正的汽车;第二,有时会导致不适当地缩小外观设计专利权的保护范围,因为图片或者照片,尤其是照片,往往反映了产品外观的诸多细节,如果要求被控侵权产品必须再现照片中表示的产品外观的所有细节才能认定落入其保护范围,则过于严格,仿制者在某一细节上略作改变,就可能被认为没有落入其保护范围,这不利于有效保护外观设计专利权人的正当利益;反之,如果允许忽略其中一些细节,则需要对允许忽略哪些细节建立必要的规则,否则将会导致判断结果过于主观随意,不利于保障外观设计专利权保护范围的法律确定性。

外观设计专利的简要说明记载了对确定外观设计的保护范围可能产生影响的一些因素,例如产品名称、产品用途、产品的设计要点等,必要时还可以写明请求保护色彩、省略视图等情况。因此,规定简要说明可以用于解释图片或者照片所表示的该产品的外观设计,可以使外观设计专利权保护范围的确定更为合理。这是本次修改后的《专利法》第二十七条规定简要说明是外观设计专利申请文件的必要组成部分之一的主要原因。

应当注意的是,通过简要说明进行解释,既有可能扩大图片或者照片所表示的保护范围,也有可能缩小图片或者照片所表示的保护范围,而不是仅仅只能起到其中一种作用。这与用说明书及其附图对发明和实用新型专利权的权利要求的内容进行解释所能产生的作用是类似的。

二十八、关于第六十一条

本条是对本次修改前《专利法》第五十七条第二款进行拆分而来,同时进行了相应修改。

本次修改前的《专利法》第五十七条第二款涉及新产品制造方法发明专利侵权纠纷中的举证责任倒置和检索报告制度两个方面。这两方面内容的关联性不大，因此本次修改将其拆分为两款。

依照《专利法》的规定，实用新型和外观设计专利申请只进行初步审查而不进行实质审查，因此实用新型和外观设计专利权的法律稳定性较差。如果专利权人对实际上不符合《专利法》规定的授权条件的实用新型和外观设计专利权过于轻率地行使其权利，容易浪费专利权人的人力财力，损害公众的权益，浪费行政部门和司法机关的资源，于己于人均不利。近年来，我国实用新型和外观设计专利申请和授权数量快速增长，上述问题变得更加突出。但是，通过实质审查的方式来增强实用新型和外观设计专利权的稳定性，会大量占用公共资源，延长审查周期，无法体现这两种专利"短、平、快"的特点。因此，2000年第二次修改《专利法》时增加了实用新型专利检索报告制度，使检索报告成为实用新型专利权人针对侵权行为寻求救济时，法院和专利管理机关审理案件、处理纠纷时的重要参考。经过几年的实践和探索，本次修改从以下几个方面对这一制度加以完善。

一是将检索报告的名称修改为"专利权评价报告"，并对报告的内容适当扩充，不仅依靠检索到的文献信息对实用新型专利是否具备新颖性、创造性进行分析评价，还对实用新型专利权是否满足授予专利权的其他实质性条件，例如说明书的公开是否充分、权利要求是否得到说明书的支持、修改是否超范围等进行分析评价。

二是基于外观设计专利也没有经过实质审查而授权的情况，并考虑到随着计算机技术和信息技术的快速发展，国家知识产权局已经具备对外观设计进行检索、分析和评价的能力，将作出专利权评价报告的范围扩大到外观设计专利，以更有利于外观设计侵权纠纷的解决，使外观设计专利权人在行使权利时更为慎重，并有效维护公众利益。

三是考虑到依据本次修改后的《专利法》第六十条的规定，

利害关系人可以单独提起专利侵权诉讼或者请求处理专利侵权纠纷,因此在需要出具专利权评价报告的主体中增加了利害关系人。这意味着除了专利权人,有权单独依法提起专利侵权诉讼或者请求处理专利侵权纠纷的利害关系人也可以请求国家知识产权局作出专利权评价报告。

四是明确了专利权评价报告的性质和法律效力。本次修改前的《专利法》对此没有作出规定,导致现实中许多人对专利检索报告的性质、是否属于行政决定以及与专利权无效宣告决定之间的关系存在困惑。本次《专利法》修改后的本条明确规定,专利权评价报告只是作为法院审理专利侵权案件或者管理专利工作的部门处理专利侵权纠纷的证据。具体而言,对法院和管理专利工作的部门来说,专利权评价报告主要作用在于供受案法院或者行政机关判断相关专利权的稳定性,以决定是否由于被控侵权人提起专利权无效宣告请求而中止相关程序。如果该报告在提供相关证据并进行充分说理基础上得出的结论认为该专利权不符合法定授权条件,在被控侵权人于答辩期内提出的无效宣告请求被专利复审委员会受理的情况下,受案法院或者管理专利工作的部门应当中止诉讼或者侵权纠纷的处理,等待无效宣告程序的结果,以避免产生认定侵权成立后专利权又被宣告无效的矛盾;相反,如果评价报告的结论是没有发现该专利权不符合法定授权条件的情况,则表明该专利权具有一定的稳定性,即使被控侵权人提出的无效宣告请求被专利复审委员会受理,受案法院或者管理专利工作的部门也可以根据修改后的《专利法实施细则》的规定或者相关司法解释,酌情采取不中止诉讼或者处理的做法,以避免因被控侵权人提出无效而不适当地拖延对侵权纠纷的审理或者处理,为专利权人提供及时的法律保护。总之,专利权评价报告既不是行政决定,也不是对专利权有效性的正式判定,只是国家知识产权局出具的关于实用新型和外观设计专利权稳定性的证据。专利权是否有效,只能由无效宣告程序来确定。

应当指出的是,专利权评价报告并非仅仅在于帮助法院或者管理专利工作的部门确定是否需要中止审理或者处理专利侵权纠纷案件，还体现在：第一，可以帮助专利权人正确认识其获得的实用新型和外观设计专利权的法律稳定性，避免盲目采取不适宜的行使其专利权的行为，从而免除对其自身利益造成损害；第二，可以帮助其他单位或者个人正确认识有关实用新型和外观设计专利权的法律稳定性，避免就不符合《专利法》规定的授权条件的实用新型和外观设计专利权进行没有价值的交易行为，例如受让专利权、订立专利权许可实施合同、接受以专利权入股投资等，从而维护公众的利益不受损害。从某种意义上说，上述两方面的作用是专利权评价报告更为重要的作用。

二十九、关于第六十二条

本条为新增条款，在《专利法》中引入了"现有技术和现有设计抗辩"的规则，本条规定："在专利侵权纠纷中，被控侵权人有证据证明其实施的技术或者设计属于现有技术或者现有设计的，不构成侵犯专利权。"

本次修改后的《专利法》第二十二条、第二十三条分别对现有技术和现有设计作了定义，即"本法所称现有技术，是指申请日以前在国内外为公众所知的技术"；"本法所称现有设计，是指申请日以前在国内外为公众所知的设计"。因此，对本条所述的"现有技术"和"现有设计"，应当按照上述条款的规定予以理解。

专利权是经过国家知识产权局审查认可后授予的权利，而不是如同著作权那样一旦作品完成就自然产生的权利。因此从道理上讲，所有被授予的专利权都应当符合《专利法》规定的授权条件。然而一方面，我国对实用新型和外观设计专利申请只进行初步审查，授予专利权的实用新型和外观设计专利没有经过关于是否属于现有技术或者现有设计的检索、审查，难于确保其符合《专利法》规定的授权条件；另一方面，发明专利申请虽然经过实质审查，但由于客观条件的限制，审查员能够检索到的只是书面公开的文献，其中又主要是各国公开的专利文献，很难发现通过使用公开等方式为公众所知的技术或者设计,因此也难于确保授予专利权的发明都符合《专利法》规定的授权条件。当今世界,没有任何国家能够担保其授予的专利权都符合其法律规定的授权条件。

如果发现被授予专利权的发明创造不符合规定的授权条件,根据《专利法》的规定,任何公众都可以通过无效宣告程序来宣告该专利权无效。但是,在法定机关按照法定程序对专利权无效宣告请求作出决定之前,专利权人仍然有权就他人实施其专利的行为向法院起诉或者请求管理专利工作的部门处理。在专利权人向法院起诉或者请求管理专利工作的部门处理的情况下,按照《专利法》的规定,被控侵权人认为该专利权应被宣告无效的,只能向专利复审委员会提出无效宣告请求,不能由受案法院或者管理专利工作的部门就该专利权是否有效的问题作出认定。一般情况下,受案法院或者管理专利工作的部门需要等待宣告专利权无效或者维持专利权有效的决定生效之后,才能认定被控侵权行为不构成侵权行为,或者恢复原来的侵权审理或者处理程序。这种做法使专利侵权纠纷的审判、处理程序变得复杂漫长,浪费行政、司法资源,要么使专利权人得不到及时保护,要么使被控侵权人陷入无端的诉累,从各方面来看都是不利的。

《专利法》第二十二条第一款规定"授予专利权的发明和实用新型应当具备新颖性、创造性和实用性";第二十三条也相应地规定了授予外观设计专利权的条件。上述规定表明,凡是属于现有技术或者现有设计的技术方案或者设计方案,不能被授予专利权。这样的技术方案或者设计方案既然已经为公众所知,又不能被授予专利权,则已经属于公有领域,公众中的任何人都有权自由予以实施应用,进而享受其实施应用产生的利益,任何他人均无权干预、剥夺这种权利。可以认为,上述规定实际上已经隐含了允许进行现有技术和现有设计抗辩的含义。正因为如此,在本次修改《专利法》之前,最高人民法院作出的有关司法解释已经写入了允许进行现有技术和现有设计抗辩的有关规定。然而,由于《专利法》中没有明确规定,上述做法缺乏坚实的法律基础,也容易导致施行上的不一致现象。

为完善我国的专利制度、保护专利权人和公众的合法利益,在总结现有司法实践经验的基础上,本次修改《专利法》新增了现有技术和现有设计抗辩的规定。

关于本条的理解,应当注意以下几点:

第一,本条规定的只是一种抗辩制度,而不是规定法院或者管理专利工作的部门负有主动查明被控侵权人实施的是否是现有技术或者现有设计的职责。因此,本条的适用既需要被控侵权人自己提出抗辩主张,同时也需要其提供支持其抗辩主张的证据。法院或者管理专利工作的部门应当在被控侵权人提供的证据基础上判断其抗辩主张是否成立,但不能代替被控侵权人主动去检索现有技术或者现有设计。

第二,被控侵权人只能以其实施的技术或者设计是现有技术或者现有设计为由进行抗辩,不能依据其他法定的能够宣告专利权无效的理由进行抗辩,例如原告的专利说明书公开不充分、权利要求得不到说明书的支持、修改超出原申请文件记载的范围等。在本次修改《专利法》的过程中,有专家主张将现有技术或者现有设计抗辩规则扩大到覆盖被控侵权人实施抵触申请中的技术或者设计的情况,但立法机构没有采纳这种建议。其主要原因在于:在判断现有技术抗辩是否成立时,法院或者管理专利工作的部门只需判断被控侵权的技术或者设计是否属于现有技术或者现有设计,无需将专利技术或者专利设计与现有技术或者现有设计进行对比,即无需判断被授予专利权的发明创造的新颖性;如果将抵触申请作为抗辩理由,则需要将专利技术或者专利设计与被控侵权人进行抗辩所提出的在先申请进行对比并判断是否构成抵触,其性质属于对授予专利权的发明创造是否具备新颖性进行判断,这有悖于《专利法》规定的专利权有效性问题只能通过专门的无效宣告程序解决,不能由审理或者处理专利侵权纠纷的法院或者管理专利工作的部门在审理或者处理过程中一并予以认定的基本制度安排。

第三,在被控侵权人提出现有技术或者现有设计抗辩主张,并举证有关证据的情况下,受案法院或者管理专利工作的部门机关应当首先判断抗辩能否成立。一旦认定抗辩成立,就可作出认定不侵权的判决或者决定,无需就被控侵权技术或者设计是否落入专利权保护范围进行判断。只有在抗辩不成立的情况下,才需要继续判断被控技术或者设计是否落入专利权的保护范围。

第四,宣告专利权无效并已生效的决定不仅排除了原专利权人针对他人实施原专利的行为提出专利侵权指控的权利,而且具有溯及既往的法律效力,即被宣告无效的专利权视为自始既不存在。与之相比,法院或者管理专利工作的部门认定现有技术抗辩成立,进而认定不构成侵权的结论仅仅适用于该具体案件。在针对其他被控侵权人或者针对同一被控侵权人的其他实施行为的专利侵权纠纷案件中,被控侵权人提出现有技术或者现有设计抗辩主张的,需要各案判断,不能适用已经作出并已生效的判决或者处理决定。

三十、关于第六十三条

本条是合并本次修改前的《专利法》第五十八条和第五十九条而来,本条修改之处在于以下两个方面。

一是将本次修改前《专利法》第五十八规定的"假冒他人专利行为"与第五十九规定的"冒充专利行为"统一规定为"假冒专利行为"。

本次修改前的《专利法》之所以区分假冒他人专利和冒充专利概念,并对其规定了不同的法律责任,有《专利法》制定与修改历史沿革的原因,同时考虑到1997年修改后的《刑法》第二百一十六条也采用了"假冒他人专利"的概念。

从本质上看,假冒他人专利行为与冒充专利行为都是作假欺骗的行为,即冒用专利号或者专利标记,借用专利的名义欺骗公众,属于损害公共利益、扰乱正常市场秩序的违法行为。从形式上看,两者的区别主要在于:假冒他人专利行为冒用的是他人已经取得、实际存在的专利;冒充专利行为冒用的是实际上并不存在的专利。

实践中，由于我国的专利申请量和授权量巨大，即使行为人按照专利编号的规则随便杜撰一个专利号，也有可能与实际存在的某个专利号相同。因此，究竟是构成"假冒他人专利"还是"冒充专利"，有时与行为人的主观意愿无关，完全由偶然因素决定。从法律责任上看，两者的区别主要在于：假冒他人专利行为有可能同时构成侵犯他人专利权的行为，此外也侵犯了该专利权人的标记权，行为人还要承担相应的民事侵权责任。但是，从欺骗公众、扰乱市场秩序的角度来看，冒充专利行为的社会危害性并不亚于假冒他人专利。所以，从行政管理和行政处罚的角度而言，两者没有区分的必要，应归为一类，同等对待。

需要指出的是，"假冒专利"涵盖了本次修改前的《专利法》规定的"假冒他人专利"和"冒充专利"行为，但其具体含义不宜理解为仅仅是这两类行为的简单叠加。随着我国对专利制度认识的不断深入以及专利保护水平的不断提高，同时考虑我国的国情，对"假冒专利"的概念也应当有所扩充和调整，以适应打击以专利名义欺骗公众的不法行为的实际需求。对"假冒专利"的含义和具体行为方式，将在修改后的《专利法实施细则》中作出更为具体的规定。

二是提高了对假冒专利行为的行政处罚力度。

目前，我国某些地区侵犯专利权和假冒专利的问题还比较突出，不仅扰乱了市场秩序，也严重影响到我国创新能力的提高。事实表明，除了加强宣传教育，提高公众的知识产权意识之外，加大行政处罚力度、增大违法行为成本是必要的管理手段。为此，本次修改《专利法》提高了对假冒专利行为进行行政处罚的力度，规定在有违法所得的情况下，要没收违法所得，可以并处没收违法所得四倍以下的罚款（本次修改前的《专利法》规定对假冒他人专利行为可以并处的罚款数额最高为违法所得的三倍，而对冒充专利行为没有规定没收以及可以并处罚款的行政处罚）；在没有违法所得的情况下，可以处二十万元以下的罚款（本次修改前的《专利法》规定对假冒他人专利和冒充专利行为罚款的最高限额均为五万元),以充分发挥行政处罚的制裁和威慑作用。

结合上述两方面的考虑,本次修改后的《专利法》本条规定:"假冒专利的,除依法承担民事责任外,由管理专利工作的部门责令改正并予公告,没收违法所得,可以并处违法所得四倍以下的罚款;没有违法所得的,可以处二十万元以下的罚款;构成犯罪的,依法追究刑事责任。"

三十一、关于第六十四条

本条为新增条款,赋予管理专利工作的部门查处假冒专利行为所需的必要行政执法手段。

本次修改前的《专利法》赋予了管理专利工作的部门对假冒他人专利行为和冒充专利行为进行处罚的职权,本次修改后的《专利法》将上述两种违法行为统一规定为假冒专利行为,并进一步提高了行政处罚的力度。但是,《专利法》中一直没有对管理专利工作的部门行使其行政处罚职权所需要的调查取证手段以及当事人的配合义务作出规定,影响了专利行政执法工作的有效开展。

为规范市场秩序,保护消费者权益,保证专利制度的正常运行,本次修改《专利法》借鉴了《商标法》等其他知识产权法律的相关规定和实践经验,新增加了第六十四条,该条规定:

"管理专利工作的部门根据已经取得的证据,对涉嫌假冒专利行为进行查处时,可以询问有关当事人,调查与涉嫌违法行为有关的情况;对当事人涉嫌违法行为的场所实施现场检查;查阅、复制与涉嫌违法行为有关的合同、发票、账簿以及其他有关资料;检查与涉嫌违法行为有关的产品,对有证据证明是假冒专利的产品,可以查封或者扣押。

"管理专利工作的部门依法行使前款规定的职权时,当事人应当予以协助、配合,不得拒绝、阻挠。"

上述行政执法职权的行使对遏制假冒专利行为,保障专利行政执法的正常开展是必要的。但是,管理专利工作的部门行使上述职权，应当按照依法行政的精神，遵循行政处罚法规定的程序。尤其是对于查封和扣押的强制措施，并非只要有证据证明是构成假冒专利行为的产品，就一定要查封或者扣押，只有在有关产品存在转移的可能性，而且当事人对管理专利工作的部门的调查取证工作进行拒绝、阻挠的情况下，才有必要查封或者扣押。当事人积极配合调查，如实承认涉嫌假冒专利产品的数量、价格和来源，在调查笔录上予以认可，并承诺接受相应处罚的，可以不予查封或者扣押。

应当注意的是，本条规定的行政执法手段仅适用于对假冒专利行为的查处。管理专利工作的部门依照本次修改后的《专利法》第六十条的规定对侵犯专利权的纠纷进行处理，不能适用本条规定。

三十二、关于第六十五条

本条将本次修改前《专利法》第六十条修改而来，修改涉及以下三个方面。

一是明确了确定侵权赔偿额的计算顺序。

根据本次修改前的《专利法》第六十条的规定，专利侵权赔偿额可以按照权利人因被侵权所受到的损失确定，也可按照侵权人因侵权所获得的利益确定。在两种方式之间没有先后顺序。从实践来看，权利人往往会根据实际案情选择对自己有利的方式来主张权利。按照民事侵权赔偿的一般原理，对民事侵权行为首先应当以权利人受到的实际损失作为确定赔偿额的依据，只有在实际损失难以确定的情况下，才应当按照侵权人因侵权获得的利益确定。因此，本次修改根据这一原理，明确规定专利侵权赔偿额首先应当以权利人受到的实际损失来确定，只有实际损失难以确定的情况下，才按照侵权人获得的利益确定。

二是在已有侵权赔偿额计算方法的基础上，增加了关于"法定赔偿"的规定。

2000年第二次修订《专利法》时，对侵权赔偿数额的计算方式作出了较为明确的规定，即损失赔偿数额应当根据权利人的损失、侵权人的非法获利或者许可使用费的合理倍数予以确定。

但是在司法实践中，经常会出现法院既难以确定权利人的实际损失和侵权人的非法获利，也没有许可使用费可以参照的情况。为解决此问题，最高人民法院于2001年6月发布的《关于审理专利纠纷案件适用法律问题的若干规定》，该规定第二十一条规定："没有专利许可使用费可以参照或者专利许可使用费明显不合理的，人民法院可以根据专利权的类别、侵权人侵权的性质和情节等因素，一般在人民币五千元以上三十万元以下确定赔偿数额，最多不得超过人民币五十万元。"以这种方式确定的损失赔偿被称为"法定赔偿"。2001年修改《著作权法》和《商标法》时，均增加了有关法定赔偿的规定；世界贸易组织的TRIPS协议第45条也规定"各成员可以授权司法当局责令侵权人支付法定赔偿额"。这种规定，为审判实践中更好地解决损害赔偿问题提供了有力的依据并发挥了良好的作用。有鉴于此，本次修改《专利法》将有关司法解释的规定作必要调整后上升为法律，增加了第二款规定："权利人的损失、侵权人获得的利益和专利许可使用费均难以确定的，人民法院可以根据专利权的类型、侵权行为的性质和情节等因素，确定给予一万元以上一百万元以下的赔偿。"之所以将法定赔偿上限从原司法解释规定的五十万元提高为一百万元，主要是考虑到随着我国科学技术水平提高，具有较高经济价值的发明创造越来越多，同时随着经济社会的发展，研发成本和维权成本也在逐步提高，只有适当提高法定赔偿的上限，才能真正有效保护专利权人的正当权益。当然，如果专利权人认为一百万元的最高法定赔偿额仍然不足以弥补其受到的损失，可以通过举证证明其实际损失以获得更高的赔偿额，按照本条规定，法院应当首先按照其实际损失来确定赔偿额。

值得注意的是，只能在确已查明被告构成侵权并造成原告损害，而权利人的损失、侵权人获得的利益和专利许可使用费均难以确定的情况下，才考虑使用法定赔偿。如果运用前述计算方法能够确定的，应优先使用前述计算方法。

适用法定赔偿，当事人可以在诉讼中提出请求，法官也可以在案件的审理中依职权决定适用。在确定具体案件的赔偿数额时，要考虑以下酌定因素：专利权的类型、侵权行为的性质和情节等。例如，被侵犯的专利权是发明专利还是实用新型专利、外观设计专利，是仅仅进行了制造、销售、许诺销售、使用行为、进口行为中的一种行为还是几种行为都存在，侵权人是故意还是过失，侵权行为持续的时间、范围、后果等。

三是将专利权人为制止侵权行为所支付的合理开支纳入赔偿的范围。

在专利侵权损害赔偿纠纷案的审判过程中，能否将专利权人为制止侵权行为支付的合理费用计算在赔偿范围之内，是现实中比较突出的问题。出于审判实践的需要，最高人民法院于2001年6月发布的《关于审理专利纠纷案件适用法律问题的若干规定》第二十二条规定："人民法院根据权利人的请求以及具体案情，可以将权利人因调查、制止侵权所支付的合理费用计算在赔偿数额范围之内。"这被认为是贯彻知识产权侵权损害全面赔偿原则的一个重要体现，有利于更好地维护专利权人的利益。本次修改《专利法》吸收了最高人民法院上述规定，在本次《专利法》修改后的第六十五条第一款最后补充规定"赔偿数额还应当包括权利人为制止侵权行为所支付的合理开支"。

一般认为，制止侵权行为所支付的合理开支主要包括两部分，一是调查取证费用；二是合理的律师费。调查取证费用主要包括符合国家规定标准的差旅费、公证费、申请证据保全的费用、误工费等。能够纳入赔偿范围的律师费并不是权利人实际支付的全部律师费，而应当是符合司法行政部门或者律师协会制定的指导性标准的律师费。

应当注意的是，在以权利人的损失、侵权人的获利或者使用费的合理倍数确定赔偿额的情况下，最后确定的赔偿额还应当附加为制止侵权行为所支付的合理开支。但是，如果法院以法定赔偿的方式确定赔偿额，则不能在已经确定的法定赔偿之外另行附加所支付的合理开支，因为法定赔偿是法院确定的赔偿总额，其中应当已经包含了为制止侵权行为所支付的合理开支。

三十三、关于第六十六条

本条是对本次修改前《专利法》第六十一条进行修改而来，主要涉及两个方面。

一是删除了关于财产保全的规定。

《民事诉讼法》对诉前财产保全作了明确规定，专利权人或者利害关系人可以根据《民事诉讼法》的规定对专利侵权案件申请诉前财产保全，人民法院也可以依照《民事诉讼法》进行处理，因此本次修改后的《专利法》不再对诉前财产保全进行规定，而适用《民事诉讼法》的统一规定。

二是完善了关于诉前停止有关行为的规定。

本次修改前的《专利法》规定，法院处理诉前停止被控侵权行为的申请时，适用《民事诉讼法》关于诉前财产保全的有关规定。本次修改后的《专利法》对申请和处理诉前停止被控侵权行为有关行为程序的规定不再援引《民事诉讼法》，而是在《民事诉讼法》有关诉前财产保全规定的基础上经过完善和补充，形成适合于关于申请和处理诉前停止被控侵权行为的规定，主要体现在对法院就申请作出裁定的时间适当予以延长，即对诉前停止被控侵权行为的申请，"人民法院应当在四十八小时内作出裁定；有特殊情况需要延长的，可以延长四十八小时"。这是因为，从实际情况看，诉前停止被控侵权行为的判断较为复杂，其适用对当事人带来的影响比诉前财产保全更大，适用也应更加慎重，法院有时难以在四十八小时内作出裁定，因此本次修改后的《专利法》对法院处理诉前停止被控侵权行为申请的期限作了一定的弹性规定。综上，本次修改后的第六十六条规定："专利权人或者利害关系人有证据证明他人正在实施或者即将实施侵犯专利权的行为，如不及时制止将会使其合法权益受到难以弥补的损害的,可以在起诉前向法院申请采取责令停止有关行为的措施。

"申请人提出申请时,应当提供担保;不提供担保的,驳回申请。

"人民法院应当自接受申请之时起四十八小时内作出裁定;有特殊情况需要延长的,可以延长四十八小时。裁定责令停止有关行为的,应当立即执行。当事人对裁定不服的,可以申请复议一次;复议期间不停止裁定的执行。

"申请人自人民法院采取责令停止有关行为的措施之日起十五日内不起诉的,人民法院应当解除该措施。

"申请有错误的,申请人应当赔偿被申请人因停止有关行为所遭受的损失。"

三十四、关于第六十七条

本条是新增条款,规定了专利侵权诉讼的诉前证据保全制度。

诉前证据保全是指,依当事人的申请,法院对有可能灭失或者以后难以取得的证据,在当事人起诉前加以固定和保护的制度。对于侵犯专利权的临时救济,本次修改前的《专利法》第六十一条规定了诉前停止侵权行为和诉前财产保全的措施,但没有规定诉前证据保全的措施。我国《民事诉讼法》第七十四条规定了起诉后的证据保全措施,但未规定起诉前的证据保全措施。在专利侵权案件中,往往会出现如不在起诉前进行证据保全,证据就有可能灭失或者难以取得的情况,例如被控侵权人转移侵权产品等。为解决这一问题,最高人民法院在2001年颁布的《关于对诉前停止侵犯专利权行为适用法律问题的若干规定》中规定,人民法院执行诉前停止侵犯专利权行为的措施时,可以根据当事人的申请,参照《民事诉讼法》第七十四条的规定,同时进行证据保全。2000年第二次修改《专利法》之后,在对我国《商标法》和《著作权法》进行修订时,根据TRIPS协议的规定,不仅相应增加了有关诉前停止侵权行为和财产保全的规定,还增加了诉前证据保全的规定。

鉴于上述情况，为完善专利诉讼制度，统一知识产权诉讼的有关规定，更为有效地保护专利权人的合法利益，本次修改后的《专利法》借鉴现行《商标法》和《著作权法》关于诉前证据保全的规定，对专利侵权案件的诉前证据保全问题作了规定，即："为了制止专利侵权行为，在证据可能灭失或者以后难以取得的情况下，专利权人或者利害关系人可以在起诉前向人民法院申请保全证据。

"人民法院采取保全措施，可以责令申请人提供担保；申请人不提供担保的，驳回申请。

"人民法院应当自接受申请之时起四十八小时内作出裁定；裁定采取保全措施的，应当立即执行。

"申请人自人民法院采取保全措施之日起十五日内不起诉的，人民法院应当解除该措施。"

根据本条规定，诉前证据保全的条件是证据可能灭失或者以后难以取得。与申请诉前停止侵权行为必须提供担保不同，对于诉前证据保全，申请人是否需要提供担保问题由法院决定。也就是说，仅仅要求保全广告、合同、发票、账册以及价值不大的样品等证据的，法院可以不要求申请人提供担保。

三十五、关于第六十九条

本条是对本次修改的《专利法》第六十三条进行修改而来，修改涉及如下两个方面。

一是完善了有关权利用尽原则的规定，允许平行进口行为。

世界贸易组织的 TRIPS 协议没有对知识产权的权利用尽问题作出限制性规定；相反，该协议第 6 条规定"该协议的任何规定不得用于处理知识产权的权利用尽问题"。这样的条款在 TRIPS 协议中是绝无仅有的，表明该协议允许各国在权利用尽问题上根据其需要采取灵活立场。世界贸易组织 2001 年通过的《关于 TRIPS 协议与公共健康的宣言》（即多哈宣言）再次重申，各成员为解决公共健康问题，有权自行决定其对专利权权利用尽问题的立场。

鉴于目前我国的经济实力和科研实力与发达国家相比还有相当

差距,高技术领域的专利权绝大多数由外国专利权人掌握,我国的产业发展在相当程度上仍依赖于国外技术和产品及其零部件的引进,本次修改后的《专利法》充分利用 TRIPS 留给各成员的自由空间,规定允许平行进口行为。同时,允许平行进口行为使我国在必要时可从国外进口我国不能制造或者制造能力不足的专利药品,这有利于解决我国的公共健康问题。

本次修改后的《专利法》本条第(一)项规定,专利产品或者依照专利方法直接获得的产品,由专利权人或者经其许可的单位、个人售出后,使用、许诺销售、销售、进口该产品的,不视为侵犯专利权。需要注意的是,此处所述的单位、个人,既可以是中国单位或者个人,也可以是外国单位或者个人;对专利产品或者依照专利方法直接获得的产品的"售出"行为,不仅包括专利权人或者经其许可的单位或者个人在我国境内的销售行为,也包括专利权人或者经其许可的单位或者个人在我国境外的销售行为,即此处的所述"售出"行为的范围不限于中国而覆盖全球范围。这是与《专利法》其他条款规定的不同之处。考虑到这一差别,为了更为清楚起见,在修改《专利法》的过程中,国家知识产权局曾经提出就有关平行进口的规定在本条单设一项的立法建议,以区分国内售出行为导致的权利用尽和国外售出行为导致的权利用尽。最后,立法机构为使条文更为简明,仍将有关平行进口的规定写入本条第(一)项一并予以规定。根据修改后的规定,专利权人或者经其许可的单位或者个人在国外销售专利产品或者依照专利方法直接获得的产品,任何人向我国进口其购买的该产品,以及进口者以及他人在该产品进口之后在我国销售、许诺销售、使用该产品的,均不视为侵权。

二是增加了药品和医疗器械的实验例外(Bloar 例外)的规定。

Bolar 例外是最先在美国产生的一种法律制度,目的是克服药品和医疗器械上市审批制度在专利权期限届满之后对仿制药品和仿制医疗器械上市带来的迟延。这是因为:在药品或者医疗器械专利权的保护期届满后,即使其他公司仿制该药品或者专利医疗器械,按照各国对药品和医疗器械上市审批制度,仍然必须提供其药品或者医疗器械的各种实验资料和数据,证明其产品符合安全性、有效性等要求,才能获得上市许可。因此,如果只有在专利权保护期限届满之后才允许其他公司开始进行相关实验,以获取药品和医疗器械行政管理部门颁发上市许可所需的资料和数据,就会大大延迟仿制药品和医疗器械的上市时间,导致公众难以在专利权保护期限届满后及时获得价格较为低廉的仿制药品和医疗器械,这在客观起到了延长专利权保护期限的效果。为了解决这一问题,美国、加拿大、英国、澳大利亚等国均在其专利法中明确规定了 Bolar 例外,而且这一制度也被世界贸易组织的争端解决机构在对有关纠纷的裁决中所认可,认为采用 Bolar 例外没有违背 TRIPS 协议的规定。

作为公共健康问题较为突出的人口大国,我国在《专利法》中增加有关 Bolar 例外的规定,可使公众在药品和医疗器械专利权保护期限届满之后及时获得价格较为低廉的仿制药品和医疗器械,这对我国解决公共健康问题具有重要意义,因此本次修改后的《专利法》对 Bolar 例外作了明确规定,即为提供行政审批所需要的信息,制造、使用、进口专利药品或者专利医疗器械的,以及专门为其制造、进口专利药品或者专利医疗器械的,不视为侵犯专利权。

根据上述规定,不仅药品生产者或者研发机构为提供行政审批所需要的信息而制造、使用、进口专利药品或者专利医疗器械的,不视为侵犯专利权,而且他人专门为药品生产者或者研发机构提供行政审批所需要的信息而制造、进口专利药品或者专利医疗器械并将其提供给药品生产者或者研发机构的行为也不视为侵犯专利权。

三十六、关于第七十条

本条是对本次《专利法》修改前第六十三条第二款进行修改而来。

本次《专利法》修改前第六十三条第二款规定:"为生产经营目的使用或者销售不知道是未经专利权人许可而制造并售出的专利

产品或者依照专利方法直接获得的产品,能证明其产品合法来源的,不承担赔偿责任。"本次修改后的《专利法》将该款单独成为一条,并增加了"许诺销售"的内容。

本次《专利法》修改前第六十三条第一款规定的是不视为侵犯专利权的行为,第二款规定的是侵犯专利权但是可以免除赔偿责任的行为。这两者的性质不同,因此分为两条予以规定更为适宜。

根据本次《专利法》修改后第十一条的规定,发明、实用新型和外观设计专利权人都享有禁止他人未经许可而进行许诺销售行为的权利。违反该条规定,许诺销售专利产品的,将构成侵犯专利权的行为,要承担侵权责任。考虑到许诺销售行为并非实际销售行为,一般情况下不会对专利权人造成实际损害,故不存在赔偿责任,因此2000年第二次修改《专利法》时在免除赔偿责任的条款中没有涉及许诺销售行为。但是实践表明,没有实际销售只能表明行为人没有实际获利,并不等同于专利权人没有因违法许诺销售行为的存在而受到实际损害。因此,在某些情况下许诺销售侵权产品的行为人也需要承担赔偿责任。为此,在出于保护善意第三人利益目的而设立的免责条款中也应当增加有关许诺销售的表述。另外,从文字上看,"未经专利权人许可而制造并售出的专利产品或者依照专利方法直接获得的产品"实质上是"专利侵权产品",不宜称之为"专利产品",因此本条也对相关表述进行了修改。

综合以上考虑,修改后的《专利法》第七十条规定:"为生产经营目的使用、许诺销售或者销售不知道是未经专利权人许可而制造并售出的专利侵权产品,能证明该产品合法来源的,不承担赔偿责任。"

《专利法》第三次修改大事记

1. 2005年1月,国家知识产权局召开党组扩大会议,作出着手进行专利法第三次修改准备工作的部署。

2. 2005年3月,国家知识产权局条法司制定并公布《专利法及其实施细则第三次修改研究课题指南》,就专利法修改中涉及的4方面19个主要问题的研究公开向社会招标。

3. 2005年4月16日,国家知识产权局召开《专利法》及其实施细则第三次修改工作启动会议,田力普副局长出席并作动员讲话。

4. 2005年6月,《专利法》及其实施细则第三次修改专题研究工作正式启动,成立了36个课题组,由有关政府部门、大专院校、科研机构、专利代理机构分别承担17项专题的研究工作。

5. 2005年11月,国家知识产权局条法司组织召开《专利法》第三次修改专题研究工作中期检查会议,由各课题组汇报研究工作进展情况。

6. 2005年12月9日,国家知识产权局田力普局长拜访国务院法制办公室曹康泰主任,就《专利法》及其实施细则第三次修改交换意见,一致认为此项工作意义重大,两个部门应紧密配合推进修改工作尽快完成。

7. 2006年2月,36个课题组全部完成其专题研究工作,提交专题研究报告。同年4月,国家知识产权局条法司汇集出版了《专利法及其实施细则第三次修改专题研究报告》一书,分上、中、下三册,共260万字,1400页。

8. 2006年3~4月,国家知识产权局条法司组织召开共10次由全国人大常委会法制工作委员会、国务院法制办公室、最高人民法院以及部分专家学者参加的专题研讨会,讨论各课题组提出的《专利法》修改建议。

9. 2006年6月,国家知识产权局条法司起草《〈专利法〉修订草案》第一稿及其说明,在国家知识产权局内部征求意见。

10. 2006年6月27日,国家知识产权局召开党组会议,研究条法司起草的《〈专利法〉修订草案》的征求意见稿及其说明。

11. 2006年7月5日,国家知识产权局条法司向国务院法制办公室教科文卫司汇报《专利法》修改工作。

12. 2006年7月18日,国家知识产权局条法司向全国人大常委会法制工作委员会经济法室汇报《专利法》修改工作。

13. 2006年8月2日,经国家知识产权局党组审议,《〈专利法〉修订草案》征求意见稿及其说明在国家知识产权局网站上公布,公开征求公众意见。

14. 2006年8月~10月,国家知识产权局条法司分别在北京、宁夏、山东、江苏组织召开共9次由国务院有关部委、地方专利管理机关、专利代理机构、律师事务所、中外企业、专家学者等参加的《专利法》修改征求意见座谈会,广泛听取各方面对《〈专利法〉修订草案》征求意见稿的意见,并专程赴美国和日本进行调研。

15. 2006年12月27日,国家知识产权局向国务院上报《关于提请审议〈中华人民共和国专利法(修订草案送审稿)〉的请示》(国知发法字[2006]152号),正式提出国家知识产权局关于修改《专利法》的建议意见。

16. 2007年2月和5月,国务院法制办公室两次征求了72个中央部门和事业单位、35个地方人民政府、14个地方法院、20多个企事业单位、50多位专家学者对《专利法》修改的意见,还收到了有关外国政府机构、企业协会和国际组织的意见。

17. 2007年10月10~11日,国务院法制办公室组织召开《专利法》修订国际研讨会,听取国内外专家学者、企业代表对《专利法》修改的意见。

18. 2007年10月30~11月1日，国务院法制办公室与国家知识产权局共同前往广州市和深圳市进行调研，听取对《专利法》修改的意见。

19. 2007年11月6~17日，国务院法制办公室汪永清副主任带队赴荷兰、葡萄牙和世界知识产权组织（WIPO）进行专利法律制度考察。

20. 2008年3月1日，国务院法制办公室教科文卫司将其修改的《〈专利法〉修改草案》征求国家知识产权局等有关单位的意见，国家知识产权局于3月15日反馈意见。

21. 2008年3月20日，国务院法制办公室教科文卫司邀请中央政法委司法改革办公室，全国人大教科文卫委员会科技室，全国人大常委会法制工作委员会经济法室，最高人民法院研究室、行政庭、民三庭，北京市高级人民法院行政庭、知识产权庭以及北京市第一中级人民法院、北京市第二中级人民法院的代表，重点就与专利审判有关的问题进行座谈。

22. 2008年3月21日，国务院法制办公室教科文卫司邀请知识产权法学、民法学、行政法学和诉讼法学的有关专家学者，就《专利法》修改有关重点问题进行研讨。

23. 2008年5月7~12日，全国人大教科文卫委员会程津培副主任委员带队赴广东就《专利法》修改进行调研，并参观部分企业，国家知识产权局田力普局长陪同参加了调研活动。

24. 2008年5月7~8日，国务院法制办公室教科文卫司在北京组织召开《专利法》修改国际研讨会，就《专利法》修订的主要问题听取国内外专家学者、企业代表的意见。

25. 2008年5月21日，国务院法制办公室教科文卫司会同全国人大教科文卫委员会、全国人大常委会法制工作委员会、最高人民法院研究室、国家工商行政管理总局商标评审委员会和国家知识产权局条法司就专利无效制度的完善问题到国家知识产权局专利复审委员会调研。

26. 2008年5月28～30日，全国人大教科文卫委员会徐荣凯副主任委员带队赴上海就《专利法》修改进行调研，并参观部分企业，国家知识产权局贺化副局长陪同参加了调研活动。

27. 2008年6月3日，国务院法制办公室教科文卫司和国家知识产权局条法司共同召开《专利法》修订座谈会，田力普局长到会参加讨论。

28. 2008年6月17日，全国人大常委会法制工作委员会经济法室到国家知识产权局专利复审委员会就专利无效制度的完善问题进行调研。

29. 2008年6月23日上午，国务院法制办公室将拟报请国务院常务会议审议的《中华人民共和国专利法修正案（草案）》送交国家知识产权局以及相关部门复核。田力普局长6月25日签署原则同意并提出两点补充性修改建议。

30. 2008年6月27日，全国人大教科文卫委员会召开会议，听取国务院法制办公室曹康泰主任和国家知识产权局田力普局长分别代表国务院法制办公室和国家知识产权局所作的关于《专利法》修改和我国专利制度建设情况的汇报。

31. 2008年7月2～3日，全国人大教科文卫委员会白克明主任委员带队在北京就《专利法》修改进行调研，并参观部分企业，国家知识产权局田力普局长陪同参加了调研活动。

32. 2008年7月30日，国务院常务会议审议并原则通过《中华人民共和国专利法修正案（草案）》。

33. 2008年8月5日，国务院向全国人民代表大会常务委员会提交《国务院关于提请审议〈中华人民共和国专利法修正案（草案）〉的议案》（国函［2008］71号）。

34. 2008年8月25日，十一届全国人大常委会第四次会议对国务院提交的《专利法修正案（草案）》进行第一次审议，国家知识产权局局长田力普受国务院委托作说明。8月27日上午，十一届全国人大常委会第四次会议分组审议修正案草案，国家知识产权局派员参加并就相关问题作出说明。

35. 2008年8月29~10月10日，全国人大常委会在全国人大网上公布《专利法修正案（草案）》，向社会公开征集意见。

36. 2008年9月10日，全国人大常委会法制工作委员会组织召开由最高人民法院等有关法院以及专家学者参加的座谈会，听取对《专利法修正案（草案）》的意见。国务院法制办公室、国家知识产权局派员参加会议。

37. 2008年9月11日，全国人大常委会法制工作委员会组织召开由企业、中国专利保护协会等有关行业协会参加的座谈会，听取对《专利法修正案（草案）》的意见，国务院法制办公室、国家知识产权局派员参加会议。

38. 2008年9月18日，全国人大常委会法制工作委员会经济法室就《专利法修正案（草案）》涉及的主要问题，与国家知识产权局条法司进行讨论。

39. 2008年10月15日，全国人大常委会法制工作委员会经济法室分别与国务院法制办公室教科文卫司和国家知识产权局条法司讨论《专利法修正案（草案）》的初步修改方案。

40. 2008年11月11~12日，国家知识产权局局长田力普分别向全国人大教科文卫委员会领导、全国人大常委会法制工作委员会领导汇报专利行政保护制度的完善、法律实施的过渡期、专利无效诉讼等《专利法》修改的重点问题。

41. 2008年11月18日，国家知识产权局起草的《关于完善专利行政保护制度有关情况的报告》上报全国人大法律委员会、全国人大常委会法制工作委员会。

42. 2008年12月1日，全国人大法律委员会召开会议，根据全国人大常委会组成人员的审议意见和各方面的意见，对《专利法修正案（草案）》进行逐条审议；国家知识产权局田力普局长就相关问题作出说明。

43. 2008年12月16日，全国人大法律委员会召开会议，再次审议《专利法修正案（草案）》。

44. 2008年12月22日，十一届全国人大常委会第六次会议对《专利法修正案（草案）》进行第二次审议。全国人大法律委员会副主任委员洪虎作全国人民代表大会法律委员会关于《中华人民共和国专利法修正案（草案）》审议结果的报告。报告指出，为了完善我国专利制度，推进科技进步和经济社会发展，对现行《专利法》进行修改是必要的，修正案草案基本可行。法律委员会建议本次常委会会议审议通过。22日下午，全国人大常委会会议分组审议《修改〈专利法〉的决定（草案）》，国家知识产权局派员参加并就相关问题作出说明。

45. 2008年12月23日，全国人大法律委员会召开会议，根据常委会组成人员的意见，再次审议《关于修改〈专利法〉的决定（草案）》，国家知识产权局田力普局长参加会议，就相关问题作出说明。

46. 2008年12月25日，十一届全国人大常委会第六次会议举行第三次全体会议。全国人大法律委员会主任委员胡康生作关于《全国人民代表大会常务委员会关于修改〈中华人民共和国专利法〉的决定（草案）》修改意见的报告。法律委员会建议本次常委会会议通过修改《专利法》的决定。

47. 2008年12月27日下午三点，十一届全国人大常委会第六次会议第四次全体会议以154票赞成、4票弃权表决通过《全国人民代表大会常务委员会关于修改〈中华人民共和国专利法〉的决定》。

48. 2008年12月27日，中华人民共和国主席胡锦涛签署第八号主席令，公布《全国人民代表大会常务委员会关于修改〈中华人民共和国专利法〉的决定》，自2009年10月1日起施行。

49. 2008年12月27日，全国人大常委会办公厅举行新闻发布会，全国人大教科文卫委员会科技室主任陈广君和国家知识产权局新闻发言人、条法司司长尹新天就修改后的《中华人民共和国专利法》回答中外记者提出的问题。

《中华人民共和国专利法》修正前后条文对照表

（修正后条文中的 5 号黑体字部分是对原法条文所作的修改或者补充内容）

修正前	修正后
第一章　总　　则	**第一章　总　　则**
第一条 为了保护发明创造专利权，鼓励发明创造，有利于发明创造的推广应用，促进科学技术进步和创新，适应社会主义现代化建设的需要，特制定本法。	第一条 为了保护**专利权人的合法权益**，鼓励发明创造，**推动**发明创造的应用，**提高创新能力**，促进科学技术进步和**经济社会发展**，制定本法。
第二条 本法所称的发明创造是指发明、实用新型和外观设计。	第二条 本法所称的发明创造是指发明、实用新型和外观设计。 　　**发明，是指对产品、方法或者其改进所提出的新的技术方案。** 　　**实用新型，是指对产品的形状、构造或者其结合所提出的适于实用的新的技术方案。**

	外观设计,是指对产品的形状、图案或者其结合以及色彩与形状、图案的结合所作出的富有美感并适于工业应用的新设计。
第三条 国务院专利行政部门负责管理全国的专利工作;统一受理和审查专利申请,依法授予专利权。 省、自治区、直辖市人民政府管理专利工作的部门负责本行政区域内的专利管理工作。	第三条 国务院专利行政部门负责管理全国的专利工作;统一受理和审查专利申请,依法授予专利权。 省、自治区、直辖市人民政府管理专利工作的部门负责本行政区域内的专利管理工作。
第四条 申请专利的发明创造涉及国家安全或者重大利益需要保密的,按照国家有关规定办理。	第四条 申请专利的发明创造涉及国家安全或者重大利益需要保密的,按照国家有关规定办理。
第五条 对违反国家法律、社会公德或者妨害公共利益的发明创造,不授予专利权。	第五条 对违反**法律**、社会公德或者妨害公共利益的发明创造,不授予专利权。 **对违反法律、行政法规的规定获取或者利用遗传资源,并依赖该遗传资源完成的发明创造,不授予专利权。**

第六条

执行本单位的任务或者主要是利用本单位的物质技术条件所完成的发明创造为职务发明创造。职务发明创造申请专利的权利属于该单位；申请被批准后，该单位为专利权人。

非职务发明创造，申请专利的权利属于发明人或者设计人；申请被批准后，该发明人或者设计人为专利权人。

利用本单位的物质技术条件所完成的发明创造，单位与发明人或者设计人订有合同，对申请专利的权利和专利权的归属作出约定的，从其约定。

第七条

对发明人或者设计人的非职务发明创造专利申请，任何单位或者个人不得压制。

第八条

两个以上单位或者个人合作完成的发明创造、一个单位或者个人接受其他单位或者个人委托所完成的发明创造，除另有协议的以外，申请专利的权利属于完成或者共同完成的单位或者个

第六条

执行本单位的任务或者主要是利用本单位的物质技术条件所完成的发明创造为职务发明创造。职务发明创造申请专利的权利属于该单位；申请被批准后，该单位为专利权人。

非职务发明创造，申请专利的权利属于发明人或者设计人；申请被批准后，该发明人或者设计人为专利权人。

利用本单位的物质技术条件所完成的发明创造，单位与发明人或者设计人订有合同，对申请专利的权利和专利权的归属作出约定的，从其约定。

第七条

对发明人或者设计人的非职务发明创造专利申请，任何单位或者个人不得压制。

第八条

两个以上单位或者个人合作完成的发明创造、一个单位或者个人接受其他单位或者个人委托所完成的发明创造，除另有协议的以外，申请专利的权利属于完成或者共同完成的单位或者个

人；申请被批准后，申请的单位或者个人为专利权人。

第九条

两个以上的申请人分别就同样的发明创造申请专利的，专利权授予最先申请的人。

第十条

专利申请权和专利权可以转让。

中国单位或者个人向外国人转让专利申请权或者专利权的，必须经国务院有关主管部门批准。

转让专利申请权或者专利权的，当事人应当订立书面合同，并向国务院专利行政部门登记，由国务院专利行政部门予以公告。专利申请权或者专利权的转让自登记之日起生效。

人；申请被批准后，申请的单位或者个人为专利权人。

第九条

同样的发明创造只能授予一项专利权。但是，同一申请人同日对同样的发明创造既申请实用新型专利又申请发明专利，先获得的实用新型专利权尚未终止，且申请人声明放弃该实用新型专利权的，可以授予发明专利权。

两个以上的申请人分别就同样的发明创造申请专利的，专利权授予最先申请的人。

第十条

专利申请权和专利权可以转让。

中国单位或者个人向外国人、**外国企业或者外国其他组织**转让专利申请权或者专利权的，**应当依照有关法律、行政法规的规定办理手续。**

转让专利申请权或者专利权的，当事人应当订立书面合同，并向国务院专利行政部门登记，由国务院专利行政部门予以公告。专利申请权或者专利权的转让自登记之日起生效。

第十一条 发明和实用新型专利权被授予后,除本法另有规定的以外,任何单位或者个人未经专利权人许可,都不得实施其专利,即不得为生产经营目的制造、使用、许诺销售、销售、进口其专利产品,或者使用其专利方法以及使用、许诺销售、销售、进口依照该专利方法直接获得的产品。 外观设计专利权被授予后,任何单位或者个人未经专利权人许可,都不得实施其专利,即不得为生产经营目的制造、销售、进口其外观设计专利产品。	**第十一条** 发明和实用新型专利权被授予后,除本法另有规定的以外,任何单位或者个人未经专利权人许可,不得实施其专利,即不得为生产经营目的制造、使用、许诺销售、销售、进口其专利产品,或者使用其专利方法,以及使用、许诺销售、销售、进口依照该专利方法直接获得的产品。 外观设计专利权被授予后,任何单位或者个人未经专利权人许可,都不得实施其专利,即不得为生产经营目的制造、**许诺销售**、销售、进口其外观设计专利产品。
第十二条 任何单位或者个人实施他人专利的,应当与专利权人订立书面实施许可合同,向专利权人支付专利使用费。被许可人无权允许合同规定以外的任何单位或者个人实施该专利。	**第十二条** 任何单位或者个人实施他人专利的,应当与专利权人订立**实施**许可合同,向专利权人支付专利使用费。被许可人无权允许合同规定以外的任何单位或者个人实施该专利。
第十三条 发明专利申请公布后,申请人可以要求实施其发明的单位或	**第十三条** 发明专利申请公布后,申请人可以要求实施其发明的单位或

者个人支付适当的费用。

第十四条

国有企业事业单位的发明专利，对国家利益或者公共利益具有重大意义的，国务院有关主管部门和省、自治区、直辖市人民政府报经国务院批准，可以决定在批准的范围内推广应用，允许指定的单位实施，由实施单位按照国家规定向专利权人支付使用费。

中国集体所有制单位和个人的发明专利，对国家利益或者公共利益具有重大意义，需要推广应用的，参照前款规定办理。

第十五条

专利权人有权在其专利产品或者该产品的包装上标明专利标记和专利号。

者个人支付适当的费用。

第十四条

国有企业事业单位的发明专利，对国家利益或者公共利益具有重大意义的，国务院有关主管部门和省、自治区、直辖市人民政府报经国务院批准，可以决定在批准的范围内推广应用，允许指定的单位实施，由实施单位按照国家规定向专利权人支付使用费。

第十五条

专利申请权或者专利权的共有人对权利的行使有约定的，从其约定。没有约定的，共有人可以单独实施或者以普通许可方式许可他人实施该专利；许可他人实施该专利的，收取的使用费应当在共有人之间分配。

除前款规定的情形外，行使共有的专利申请权或者专利权应当取得全体共有人的同意。

第十六条

被授予专利权的单位应当对职务发明创造的发明人或者设计人给予奖励;发明创造专利实施后,根据其推广应用的范围和取得的经济效益,对发明人或者设计人给予合理的报酬。

第十七条

发明人或者设计人有在专利文件中写明自己是发明人或者设计人的权利。

第十八条

在中国没有经常居所或者营业所的外国人、外国企业或者外国其他组织在中国申请专利的,依照其所属国同中国签订的协议或者共同参加的国际条约,或者依照互惠原则,根据本法办理。

第十九条

在中国没有经常居所或者营业所的外国人、外国企业或者外国其他组织在中国申请专利和办理其他专利事务的,应当委托国

第十六条

被授予专利权的单位应当对职务发明创造的发明人或者设计人给予奖励;发明创造专利实施后,根据其推广应用的范围和取得的经济效益,对发明人或者设计人给予合理的报酬。

第十七条

发明人或者设计人有权在专利文件中写明自己是发明人或者设计人。

专利权人有权在其专利产品或者该产品的包装上标明专利标识。

第十八条

在中国没有经常居所或者营业所的外国人、外国企业或者外国其他组织在中国申请专利的,依照其所属国同中国签订的协议或者共同参加的国际条约,或者依照互惠原则,根据本法办理。

第十九条

在中国没有经常居所或者营业所的外国人、外国企业或者外国其他组织在中国申请专利和办理其他专利事务的,应当委托依

务院专利行政部门指定的专利代理机构办理。

中国单位或者个人在国内申请专利和办理其他专利事务的，可以委托专利代理机构办理。

专利代理机构应当遵守法律、行政法规，按照被代理人的委托办理专利申请或者其他专利事务；对被代理人发明创造的内容，除专利申请已经公布或者公告的以外，负有保密责任。专利代理机构的具体管理办法由国务院规定。

第二十条

中国单位或者个人将其在国内完成的发明创造向外国申请专利的，应当先向国务院专利行政部门申请专利，委托其指定的专利代理机构办理，并遵守本法第四条的规定。

中国单位或者个人可以根据中华人民共和国参加的有关国际条约提出专利国际申请。申请人提出专利国际申请的，应当遵守前款规定。

国务院专利行政部门依照中华人民共和国参加的有关国际条约、本法和国务院有关规定处理

法设立的专利代理机构办理。

中国单位或者个人在国内申请专利和办理其他专利事务的，可以委托**依法设立**的专利代理机构办理。

专利代理机构应当遵守法律、行政法规，按照被代理人的委托办理专利申请或者其他专利事务；对被代理人发明创造的内容，除专利申请已经公布或者公告的以外，负有保密责任。专利代理机构的具体管理办法由国务院规定。

第二十条

任何单位或者个人将在中国完成的**发明或者实用新型**向外国申请专利的，**应当事先报经国务院专利行政部门进行保密审查。保密审查的程序、期限等按照国务院的规定执行。**

中国单位或者个人可以根据中华人民共和国参加的有关国际条约提出专利国际申请。申请人提出专利国际申请的，应当遵守前款规定。

国务院专利行政部门依照中华人民共和国参加的有关国际条约、本法和国务院有关规定处理

专利国际申请。

第二十一条

国务院专利行政部门及其专利复审委员会应当按照客观、公正、准确、及时的要求,依法处理有关专利的申请和请求。

在专利申请公布或者公告前,国务院专利行政部门的工作人员及有关人员对其内容负有保密责任。

第二章 授予专利权的条件

第二十二条

授予专利权的发明和实用新型,应当具备新颖性、创造性和实用性。

新颖性,是指在申请日以前没有同样的发明或者实用新型在国内外出版物上公开发表过、在

专利国际申请。

对违反本条第一款规定向外国申请专利的发明或者实用新型,在中国申请专利的,不授予专利权。

第二十一条

国务院专利行政部门及其专利复审委员会应当按照客观、公正、准确、及时的要求,依法处理有关专利的申请和请求。

国务院专利行政部门应当完整、准确、及时发布专利信息,定期出版专利公报。

在专利申请公布或者公告前,国务院专利行政部门的工作人员及有关人员对其内容负有保密责任。

第二章 授予专利权的条件

第二十二条

授予专利权的发明和实用新型,应当具备新颖性、创造性和实用性。

新颖性,是指**该发明或者实用新型不属于现有技术;也没有任何单位或者个人就同样的发明**

国内公开使用过或者以其他方式为公众所知，也没有同样的发明或者实用新型由他人向国务院专利行政部门提出过申请并且记载在申请日以后公布的专利申请文件中。

创造性，是指同申请日以前已有的技术相比，该发明有突出的实质性特点和显著的进步，该实用新型有实质性特点和进步。

实用性，是指该发明或者实用新型能够制造或者使用，并且能够产生积极效果。

第二十三条

授予专利权的外观设计，应当同申请日以前在国内外出版物上公开发表过或者国内公开使用过的外观设计不相同和不相近似，并不得与他人在先取得的合法权利相冲突。

或者实用新型**在申请日以前**向国务院专利行政部门提出过申请，并记载在申请日以后公布的专利申请文件或者**公告的专利文件**中。

创造性，是指**与现有技术相比**，该发明具有突出的实质性特点和显著的进步，该实用新型具有实质性特点和进步。

实用性，是指该发明或者实用新型能够制造或者使用，并且能够产生积极效果。

本法所称现有技术，是指申请日以前在国内外为公众所知的技术。

第二十三条

授予专利权的外观设计，应**不属于现有设计；也没有任何单位或者个人就同样的外观设计在申请日以前向国务院专利行政部门提出过申请，并记载在申请日以后公告的专利文件中。**

授予专利权的外观设计与现有设计或者现有设计特征的组合相比，应当具有明显区别。

授予专利权的外观设计不得与他人在申请日以前已经取得的合法权利相冲突。

本法所称现有设计，是指申请日以前在国内外为公众所知的设计。

第二十四条

申请专利的发明创造在申请日以前六个月内，有下列情形之一的，不丧失新颖性：

（一）在中国政府主办或者承认的国际展览会上首次展出的；

（二）在规定的学术会议或者技术会议上首次发表的；

（三）他人未经申请人同意而泄露其内容的。

第二十五条

对下列各项，不授予专利权：

（一）科学发现；

（二）智力活动的规则和方法；

（三）疾病的诊断和治疗方法；

（四）动物和植物品种；

（五）用原子核变换方法获得的物质。

对前款第（四）项所列产品的生产方法，可以依照本法规

第二十四条

申请专利的发明创造在申请日以前六个月内，有下列情形之一的，不丧失新颖性：

（一）在中国政府主办或者承认的国际展览会上首次展出的；

（二）在规定的学术会议或者技术会议上首次发表的；

（三）他人未经申请人同意而泄露其内容的。

第二十五条

对下列各项，不授予专利权：

（一）科学发现；

（二）智力活动的规则和方法；

（三）疾病的诊断和治疗方法；

（四）动物和植物品种；

（五）用原子核变换方法获得的物质；

（六）对平面印刷品的图案、色彩或者二者的结合作出的

定授予专利权。

第三章　专利的申请

第二十六条

申请发明或者实用新型专利的，应当提交请求书、说明书及其摘要和权利要求书等文件。

请求书应当写明发明或者实用新型的名称，发明人或者设计人的姓名，申请人姓名或者名称、地址，以及其他事项。

说明书应当对发明或者实用新型作出清楚、完整的说明，以所属技术领域的技术人员能够实现为准；必要的时候，应当有附图。摘要应当简要说明发明或者实用新型的技术要点。

权利要求书应当以说明书为依据，说明要求专利保护的范围。

主要起标识作用的设计。

对前款第（四）项所列产品的生产方法，可以依照本法规定授予专利权。

第三章　专利的申请

第二十六条

申请发明或者实用新型专利的，应当提交请求书、说明书及其摘要和权利要求书等文件。

请求书应当写明发明或者实用新型的名称，**发明人的姓名**，申请人姓名或者名称、地址，以及其他事项。

说明书应当对发明或者实用新型作出清楚、完整的说明，以所属技术领域的技术人员能够实现为准；必要的时候，应当有附图。摘要应当简要说明发明或者实用新型的技术要点。

权利要求书应当以说明书为依据，**清楚、简要地限定**要求专利保护的范围。

依赖遗传资源完成的发明创造，申请人应当在专利申请文件中说明该遗传资源的直接来源和原始来源；申请人无法说明原始

来源的，应当陈述理由。

第二十七条

申请外观设计专利的，应当提交请求书以及该外观设计的图片或者照片等文件，并且应当写明使用该外观设计的产品及其所属的类别。

第二十八条

国务院专利行政部门收到专利申请文件之日为申请日。如果申请文件是邮寄的，以寄出的邮戳日为申请日。

第二十九条

申请人自发明或者实用新型在外国第一次提出专利申请之日起十二个月内，或者自外观设计在外国第一次提出专利申请之日起六个月内，又在中国就相同主题提出专利申请的，依照该外国同中国签订的协议或者共同参加的国际条约，或者依照相互承认优先权的原则，可以享有优先权。

申请人自发明或者实用新型在中国第一次提出专利申请之日

第二十七条

申请外观设计专利的，应当提交请求书、该外观设计的图片或者照片**以及对该外观设计的简要说明**等文件。

申请人提交的有关图片或者照片应当清楚地显示要求专利保护的产品的外观设计。

第二十八条

国务院专利行政部门收到专利申请文件之日为申请日。如果申请文件是邮寄的，以寄出的邮戳日为申请日。

第二十九条

申请人自发明或者实用新型在外国第一次提出专利申请之日起十二个月内，或者自外观设计在外国第一次提出专利申请之日起六个月内，又在中国就相同主题提出专利申请的，依照该外国同中国签订的协议或者共同参加的国际条约，或者依照相互承认优先权的原则，可以享有优先权。

申请人自发明或者实用新型在中国第一次提出专利申请之日

起十二个月内，又向国务院专利行政部门就相同主题提出专利申请的，可以享有优先权。

第三十条

申请人要求优先权的，应当在申请的时候提出书面声明，并且在三个月内提交第一次提出的专利申请文件的副本；未提出书面声明或者逾期未提交专利申请文件副本的，视为未要求优先权。

第三十一条

一件发明或者实用新型专利申请应当限于一项发明或者实用新型。属于一个总的发明构思的两项以上的发明或者实用新型，可以作为一件申请提出。

一件外观设计专利申请应当限于一种产品所使用的一项外观设计。用于同一类别并且成套出售或者使用的产品的两项以上的外观设计，可以作为一件申请提出。

第三十二条

申请人可以在被授予专利权之前随时撤回其专利申请。

起十二个月内，又向国务院专利行政部门就相同主题提出专利申请的，可以享有优先权。

第三十条

申请人要求优先权的，应当在申请的时候提出书面声明，并且在三个月内提交第一次提出的专利申请文件的副本；未提出书面声明或者逾期未提交专利申请文件副本的，视为未要求优先权。

第三十一条

一件发明或者实用新型专利申请应当限于一项发明或者实用新型。属于一个总的发明构思的两项以上的发明或者实用新型，可以作为一件申请提出。

一件外观设计专利申请应当限于一项外观设计。**同一产品两项以上的相似外观设计，或者**用于同一类别并且成套出售或者使用的产品的两项以上外观设计，可以作为一件申请提出。

第三十二条

申请人可以在被授予专利权之前撤回其专利申请。

第三十三条

申请人可以对其专利申请文件进行修改,但是,对发明和实用新型专利申请文件的修改不得超出原说明书和权利要求书记载的范围,对外观设计专利申请文件的修改不得超出原图片或者照片表示的范围。

第四章 专利申请的审查和批准

第三十四条

国务院专利行政部门收到发明专利申请后,经初步审查认为符合本法要求的,自申请日起满十八个月,即行公布。国务院专利行政部门可以根据申请人的请求早日公布其申请。

第三十五条

发明专利申请自申请日起三年内,国务院专利行政部门可以根据申请人随时提出的请求,对其申请进行实质审查;申请人无正当理由逾期不请求实质审查的,该申请即被视为撤回。

国务院专利行政部门认为必要的时候，可以自行对发明专利申请进行实质审查。

第三十六条
发明专利的申请人请求实质审查的时候，应当提交在申请日前与其发明有关的参考资料。

发明专利已经在外国提出过申请的，国务院专利行政部门可以要求申请人在指定期限内提交该国为审查其申请进行检索的资料或者审查结果的资料；无正当理由逾期不提交的，该申请即被视为撤回。

第三十七条
国务院专利行政部门对发明专利申请进行实质审查后，认为不符合本法规定的，应当通知申请人，要求其在指定的期限内陈述意见，或者对其申请进行修改；无正当理由逾期不答复的，该申请即被视为撤回。

第三十八条
发明专利申请经申请人陈述意见或者进行修改后，国务院专利行政部门仍然认为不符合本法

国务院专利行政部门认为必要的时候，可以自行对发明专利申请进行实质审查。

第三十六条
发明专利的申请人请求实质审查的时候，应当提交在申请日前与其发明有关的参考资料。

发明专利已经在外国提出过申请的，国务院专利行政部门可以要求申请人在指定期限内提交该国为审查其申请进行检索的资料或者审查结果的资料；无正当理由逾期不提交的，该申请即被视为撤回。

第三十七条
国务院专利行政部门对发明专利申请进行实质审查后，认为不符合本法规定的，应当通知申请人，要求其在指定的期限内陈述意见，或者对其申请进行修改；无正当理由逾期不答复的，该申请即被视为撤回。

第三十八条
发明专利申请经申请人陈述意见或者进行修改后，国务院专利行政部门仍然认为不符合本法

规定的，应当予以驳回。

第三十九条

发明专利申请经实质审查没有发现驳回理由的，由国务院专利行政部门作出授予发明专利权的决定，发给发明专利证书，同时予以登记和公告。发明专利权自公告之日起生效。

第四十条

实用新型和外观设计专利申请经初步审查没有发现驳回理由的，由国务院专利行政部门作出授予实用新型专利权或者外观设计专利权的决定，发给相应的专利证书，同时予以登记和公告。实用新型专利权和外观设计专利权自公告之日起生效。

第四十一条

国务院专利行政部门设立专利复审委员会。专利申请人对国务院专利行政部门驳回申请的决定不服的，可以自收到通知之日起三个月内，向专利复审委员会请求复审。专利复审委员会复审后，作出决定，并通知专利申请人。

规定的，应当予以驳回。

第三十九条

发明专利申请经实质审查没有发现驳回理由的，由国务院专利行政部门作出授予发明专利权的决定，发给发明专利证书，同时予以登记和公告。发明专利权自公告之日起生效。

第四十条

实用新型和外观设计专利申请经初步审查没有发现驳回理由的，由国务院专利行政部门作出授予实用新型专利权或者外观设计专利权的决定，发给相应的专利证书，同时予以登记和公告。实用新型专利权和外观设计专利权自公告之日起生效。

第四十一条

国务院专利行政部门设立专利复审委员会。专利申请人对国务院专利行政部门驳回申请的决定不服的，可以自收到通知之日起三个月内，向专利复审委员会请求复审。专利复审委员会复审后，作出决定，并通知专利申请人。

专利申请人对专利复审委员会的复审决定不服的,可以自收到通知之日起三个月内向人民法院起诉。

第五章 专利权的期限、终止和无效

第四十二条

发明专利权的期限为二十年,实用新型专利权和外观设计专利权的期限为十年,均自申请日起计算。

第四十三条

专利权人应当自被授予专利权的当年开始缴纳年费。

第四十四条

有下列情形之一的,专利权在期限届满前终止:

(一)没有按照规定缴纳年费的;

(二)专利权人以书面声明放弃其专利权的。

专利权在期限届满前终止的,由国务院专利行政部门登记和公告。

专利申请人对专利复审委员会的复审决定不服的,可以自收到通知之日起三个月内向人民法院起诉。

第五章 专利权的期限、终止和无效

第四十二条

发明专利权的期限为二十年,实用新型专利权和外观设计专利权的期限为十年,均自申请日起计算。

第四十三条

专利权人应当自被授予专利权的当年开始缴纳年费。

第四十四条

有下列情形之一的,专利权在期限届满前终止:

(一)没有按照规定缴纳年费的;

(二)专利权人以书面声明放弃其专利权的。

专利权在期限届满前终止的,由国务院专利行政部门登记和公告。

第四十五条

自国务院专利行政部门公告授予专利权之日起,任何单位或者个人认为该专利权的授予不符合本法有关规定的,可以请求专利复审委员会宣告该专利权无效。

第四十六条

专利复审委员会对宣告专利权无效的请求应当及时审查和作出决定,并通知请求人和专利权人。宣告专利权无效的决定,由国务院专利行政部门登记和公告。

对专利复审委员会宣告专利权无效或者维持专利权的决定不服的,可以自收到通知之日起三个月内向人民法院起诉。人民法院应当通知无效宣告请求程序的对方当事人作为第三人参加诉讼。

第四十七条

宣告无效的专利权视为自始即不存在。

宣告专利权无效的决定,对在宣告专利权无效前人民法院作出并已执行的专利侵权的判决、

第四十五条

自国务院专利行政部门公告授予专利权之日起,任何单位或者个人认为该专利权的授予不符合本法有关规定的,可以请求专利复审委员会宣告该专利权无效。

第四十六条

专利复审委员会对宣告专利权无效的请求应当及时审查和作出决定,并通知请求人和专利权人。宣告专利权无效的决定,由国务院专利行政部门登记和公告。

对专利复审委员会宣告专利权无效或者维持专利权的决定不服的,可以自收到通知之日起三个月内向人民法院起诉。人民法院应当通知无效宣告请求程序的对方当事人作为第三人参加诉讼。

第四十七条

宣告无效的专利权视为自始即不存在。

宣告专利权无效的决定,对在宣告专利权无效前人民法院作出并已执行的专利侵权的判决、

裁定，已经履行或者强制执行的专利侵权纠纷处理决定，以及已经履行的专利实施许可合同和专利权转让合同，不具有追溯力。但是因专利权人的恶意给他人造成的损失，应当给予赔偿。

如果依照前款规定，专利权人或者专利权转让人不向被许可实施专利人或者专利权受让人返还专利使用费或者专利权转让费，明显违反公平原则，专利权人或者专利权转让人应当向被许可实施专利人或者专利权受让人返还全部或者部分专利使用费或者专利权转让费。

第六章 专利实施的强制许可

第四十八条

具备实施条件的单位以合理的条件请求发明或者实用新型专利权人许可实施其专利，而未能在合理长的时间内获得这种许可时，国务院专利行政部门根据该单位的申请，可以给予实施该发明专利或者实用新型专利的强制许可。

调解书，已经履行或者强制执行的专利侵权纠纷处理决定，以及已经履行的专利实施许可合同和专利权转让合同，不具有追溯力。但是因专利权人的恶意给他人造成的损失，应当给予赔偿。

依照前款规定**不返还专利侵权赔偿金**、专利使用费、专利权转让费，明显违反公平原则的，**应当全部或者部分返还。**

第六章 专利实施的强制许可

第四十八条

有下列情形之一的，国务院专利行政部门根据**具备实施条件的单位或者个人**的申请，可以给予实施发明专利或者实用新型专利的强制许可：

（一）专利权人自专利权被授予之日起满三年，且自提出专利申请之日起满四年，无正当理

由未实施或者未充分实施其专利的;

(二)专利权人行使专利权的行为被依法认定为垄断行为,为消除或者减少该行为对竞争产生的不利影响的。

第四十九条

在国家出现紧急状态或者非常情况时,或者为了公共利益的目的,国务院专利行政部门可以给予实施发明专利或者实用新型专利的强制许可。

第四十九条

在国家出现紧急状态或者非常情况时,或者为了公共利益的目的,国务院专利行政部门可以给予实施发明专利或者实用新型专利的强制许可。

第五十条

为了公共健康目的,对取得专利权的药品,国务院专利行政部门可以给予制造并将其出口到符合中华人民共和国参加的有关国际条约规定的国家或者地区的强制许可。

第五十条

一项取得专利权的发明或者实用新型比前已经取得专利权的发明或者实用新型具有显著经济意义的重大技术进步,其实施又有赖于前一发明或者实用新型的实施的,国务院专利行政部门根

第五十一条

一项取得专利权的发明或者实用新型比前已经取得专利权的发明或者实用新型具有显著经济意义的重大技术进步,其实施又有赖于前一发明或者实用新型的实施的,国务院专利行政部门根

据后一专利权人的申请,可以给予实施前一发明或者实用新型的强制许可。

在依照前款规定给予实施强制许可的情形下,国务院专利行政部门根据前一专利权人的申请,也可以给予实施后一发明或者实用新型的强制许可。

第五十一条

依照本法规定申请实施强制许可的单位或者个人,应当提出未能以合理条件与专利权人签订实施许可合同的证明。

据后一专利权人的申请,可以给予实施前一发明或者实用新型的强制许可。

在依照前款规定给予实施强制许可的情形下,国务院专利行政部门根据前一专利权人的申请,也可以给予实施后一发明或者实用新型的强制许可。

第五十二条

强制许可涉及的发明创造为半导体技术的,其实施限于公共利益的目的和本法第四十八条第(二)项规定的情形。

第五十三条

除依照本法第四十八条第(二)项、第五十条规定给予的强制许可外,强制许可的实施应当主要为了供应国内市场。

第五十四条

依照本法第四十八条第(一)项、第五十一条规定申请强制许可的单位或者个人应当提供证据,证明其以合理的条件请求专利权人许可其实施专利,但未能在合理的时间内获得许可。

第五十二条

国务院专利行政部门作出的给予实施强制许可的决定，应当及时通知专利权人，并予以登记和公告。

给予实施强制许可的决定，应当根据强制许可的理由规定实施的范围和时间。强制许可的理由消除并不再发生时，国务院专利行政部门应当根据专利权人的请求，经审查后作出终止实施强制许可的决定。

第五十三条

取得实施强制许可的单位或者个人不享有独占的实施权，并且无权允许他人实施。

第五十四条

取得实施强制许可的单位或者个人应当付给专利权人合理的使用费，其数额由双方协商；双方不能达成协议的，由国务院专利行政部门裁决。

第五十五条

国务院专利行政部门作出的给予实施强制许可的决定，应当及时通知专利权人，并予以登记和公告。

给予实施强制许可的决定，应当根据强制许可的理由规定实施的范围和时间。强制许可的理由消除并不再发生时，国务院专利行政部门应当根据专利权人的请求，经审查后作出终止实施强制许可的决定。

第五十六条

取得实施强制许可的单位或者个人不享有独占的实施权，并且无权允许他人实施。

第五十七条

取得实施强制许可的单位或者个人应当付给专利权人合理的使用费，**或者依照中华人民共和国参加的有关国际条约的规定处理使用费问题。付给使用费的**，其数额由双方协商；双方不能达成协议的，由国务院专利行政部门裁决。

第五十五条

专利权人对国务院专利行政部门关于实施强制许可的决定不服的,专利权人和取得实施强制许可的单位或者个人对国务院专利行政部门关于实施强制许可的使用费的裁决不服的,可以自收到通知之日起三个月内向人民法院起诉。

第七章 专利权的保护

第五十六条

发明或者实用新型专利权的保护范围以其权利要求的内容为准,说明书及附图可以用于解释权利要求。

外观设计专利权的保护范围以表示在图片或者照片中的该外观设计专利产品为准。

第五十七条

未经专利权人许可,实施其专利,即侵犯其专利权,引起纠纷的,由当事人协商解决;不愿协商或者协商不成的,专利权人或者利害关系人可以向人民法院

第五十八条

专利权人对国务院专利行政部门关于实施强制许可的决定不服的,专利权人和取得实施强制许可的单位或者个人对国务院专利行政部门关于实施强制许可的使用费的裁决不服的,可以自收到通知之日起三个月内向人民法院起诉。

第七章 专利权的保护

第五十九条

发明或者实用新型专利权的保护范围以其权利要求的内容为准,说明书及附图可以用于解释权利要求**的内容**。

外观设计专利权的保护范围以表示在图片或者照片中的该**产品的外观设计为准,简要说明可以用于解释图片或者照片所表示的该产品的外观设计**。

第六十条

未经专利权人许可,实施其专利,即侵犯其专利权,引起纠纷的,由当事人协商解决;不愿协商或者协商不成的,专利权人或者利害关系人可以向人民法院

起诉，也可以请求管理专利工作的部门处理。管理专利工作的部门处理时，认定侵权行为成立的，可以责令侵权人立即停止侵权行为，当事人不服的，可以自收到处理通知之日起十五日内依照《中华人民共和国行政诉讼法》向人民法院起诉；侵权人期满不起诉又不停止侵权行为的，管理专利工作的部门可以申请人民法院强制执行。进行处理的管理专利工作的部门应当事人的请求，可以就侵犯专利权的赔偿数额进行调解；调解不成的，当事人可以依照《中华人民共和国民事诉讼法》向人民法院起诉。

专利侵权纠纷涉及新产品制造方法的发明专利的，制造同样产品的单位或者个人应当提供其产品制造方法不同于专利方法的证明；涉及实用新型专利的，人民法院或者管理专利工作的部门可以要求专利权人出具由国务院专利行政部门作出的检索报告。

起诉，也可以请求管理专利工作的部门处理。管理专利工作的部门处理时，认定侵权行为成立的，可以责令侵权人立即停止侵权行为，当事人不服的，可以自收到处理通知之日起十五日内依照《中华人民共和国行政诉讼法》向人民法院起诉；侵权人期满不起诉又不停止侵权行为的，管理专利工作的部门可以申请人民法院强制执行。进行处理的管理专利工作的部门应当事人的请求，可以就侵犯专利权的赔偿数额进行调解；调解不成的，当事人可以依照《中华人民共和国民事诉讼法》向人民法院起诉。

第六十一条

专利侵权纠纷涉及新产品制造方法的发明专利的，制造同样产品的单位或者个人应当提供其产品制造方法不同于专利方法的证明。

专利侵权纠纷涉及实用新型专利或者外观设计专利的，人民法院或者管理专利工作的部门可以要求专利权人**或者利害关系人出具由国务院专利行政部门对相关实用新型或者外观设计进行检索、分析和评价后作出的专利权评价报告**，作为审理、处理专利侵权纠纷的证据。

第六十二条

在专利侵权纠纷中，被控侵权人有证据证明其实施的技术或者设计属于现有技术或者现有设计的，不构成侵犯专利权。

第五十八条

假冒他人专利的，除依法承担民事责任外，由管理专利工作的部门责令改正并予公告，没收违法所得，可以并处违法所得三倍以下的罚款，没有违法所得的，可以处五万元以下的罚款；构成犯罪的，依法追究刑事责任。

第六十三条

假冒专利的，除依法承担民事责任外，由管理专利工作的部门责令改正并予公告，没收违法所得，可以并处违法所得**四倍**以下的罚款；没有违法所得的，可以处**二十万元**以下的罚款；构成犯罪的，依法追究刑事责任。

第五十九条

以非专利产品冒充专利产品、以非专利方法冒充专利方法的,由管理专利工作的部门责令改正并予公告,可以处五万元以下的罚款。

第六十条

侵犯专利权的赔偿数额,按照权利人因被侵权所受到的损失或者侵权人因侵权所获得的利益确定;被侵权人的损失或者侵权

第六十四条

管理专利工作的部门根据已经取得的证据,对涉嫌假冒专利行为进行查处时,可以询问有关当事人,调查与涉嫌违法行为有关的情况;对当事人涉嫌违法行为的场所实施现场检查;查阅、复制与涉嫌违法行为有关的合同、发票、账簿以及其他有关资料;检查与涉嫌违法行为有关的产品,对有证据证明是假冒专利的产品,可以查封或者扣押。

管理专利工作的部门依法行使前款规定的职权时,当事人应当予以协助、配合,不得拒绝、阻挠。

第六十五条

侵犯专利权的赔偿数额按照权利人因被侵权所受到的**实际**损失确定;**实际损失难以确定的**,可以按照侵权人因侵权所获得的

人获得的利益难以确定的，参照该专利许可使用费的倍数合理确定。

第六十一条

专利权人或者利害关系人有证据证明他人正在实施或者即将实施侵犯其专利权的行为，如不及时制止将会使其合法权益受到难以弥补的损害的，可以在起诉前向人民法院申请采取责令停止有关行为和财产保全的措施。

人民法院处理前款申请，适用《中华人民共和国民事诉讼法》第九十三条至第九十六条和第九十九条的规定。

利益确定。权利人的损失或者侵权人获得的利益难以确定的，参照该专利许可使用费的倍数合理确定。赔偿数额还应当包括权利人为制止侵权行为所支付的合理开支。

权利人的损失、侵权人获得的利益和专利许可使用费均难以确定的，人民法院可以根据专利权的类型、侵权行为的性质和情节等因素，确定给予一万元以上一百万元以下的赔偿。

第六十六条

专利权人或者利害关系人有证据证明他人正在实施或者即将实施侵犯专利权的行为，如不及时制止将会使其合法权益受到难以弥补的损害的，可以在起诉前向人民法院申请采取责令停止有关行为的措施。

申请人提出申请时，应当提供担保；不提供担保的，驳回申请。

人民法院应当自接受申请之时起四十八小时内作出裁定；有特殊情况需要延长的，可以延长四十八小时。裁定责令停止有关行为的，应当立即执行。当事人对裁定不服的，可以申请复议一次；复议期间不停止裁定的执行。

申请人自人民法院采取责令停止有关行为的措施之日起十五日内不起诉的，人民法院应当解除该措施。

申请有错误的，申请人应当赔偿被申请人因停止有关行为所遭受的损失。

第六十七条

为了制止专利侵权行为，在证据可能灭失或者以后难以取得的情况下，专利权人或者利害关系人可以在起诉前向人民法院申请保全证据。

人民法院采取保全措施，可以责令申请人提供担保；申请人不提供担保的，驳回申请。

人民法院应当自接受申请之时起四十八小时内作出裁定；裁定采取保全措施的，应当立即执行。

申请人自人民法院采取保全措施之日起十五日内不起诉的，人民法院应当解除该措施。

第六十二条

侵犯专利权的诉讼时效为二年，自专利权人或者利害关系人得知或者应当得知侵权行为之日起计算。

发明专利申请公布后至专利权授予前使用该发明未支付适当使用费的，专利权人要求支付使用费的诉讼时效为二年，自专利权人得知或者应当得知他人使用其发明之日起计算，但是，专利权人于专利权授予之日前即已得知或者应当得知的，自专利权授予之日起计算。

第六十三条

有下列情形之一的，不视为侵犯专利权：

（一）专利权人制造、进口或者经专利权人许可而制造、进口的专利产品或者依照专利方法直接获得的产品售出后，使用、许诺销售或者销售该产品的；

（二）在专利申请日前已经制造相同产品、使用相同方法或者已经作好制造、使用的必要准备，并且仅在原有范围内继续制造、使用的；

（三）临时通过中国领陆、

第六十八条

侵犯专利权的诉讼时效为二年，自专利权人或者利害关系人得知或者应当得知侵权行为之日起计算。

发明专利申请公布后至专利权授予前使用该发明未支付适当使用费的，专利权人要求支付使用费的诉讼时效为二年，自专利权人得知或者应当得知他人使用其发明之日起计算，但是，专利权人于专利权授予之日前即已得知或者应当得知的，自专利权授予之日起计算。

第六十九条

有下列情形之一的，不视为侵犯专利权：

（一）专利产品或者依照专利方法直接获得的产品，由专利权人或者经其许可的单位、个人售出后，使用、许诺销售、销售、**进口**该产品的；

（二）在专利申请日前已经制造相同产品、使用相同方法或者已经作好制造、使用的必要准备，并且仅在原有范围内继续制造、使用的；

（三）临时通过中国领陆、

领水、领空的外国运输工具，依照其所属国同中国签订的协议或者共同参加的国际条约，或者依照互惠原则，为运输工具自身需要而在其装置和设备中使用有关专利的；

（四）专为科学研究和实验而使用有关专利的。

为生产经营目的使用或者销售不知道是未经专利权人许可而制造并售出的专利产品或者依照专利方法直接获得的产品，能证明其产品合法来源的，不承担赔偿责任。

第六十四条

违反本法第二十条规定向外国申请专利，泄露国家秘密的，由所在单位或者上级主管机关给予行政处分；构成犯罪的，依法追究刑事责任。

领水、领空的外国运输工具，依照其所属国同中国签订的协议或者共同参加的国际条约，或者依照互惠原则，为运输工具自身需要而在其装置和设备中使用有关专利的，

（四）专为科学研究和实验而使用有关专利的；

（五）**为提供行政审批所需要的信息，制造、使用、进口专利药品或者专利医疗器械的，以及专门为其制造、进口专利药品或者专利医疗器械的。**

第七十条

为生产经营目的使用、许诺销售或者销售不知道是未经专利权人许可而制造并售出的专利侵权产品，能证明该产品合法来源的，不承担赔偿责任。

第七十一条

违反本法第二十条规定向外国申请专利，泄露国家秘密的，由所在单位或者上级主管机关给予行政处分；构成犯罪的，依法追究刑事责任。

第六十五条

侵夺发明人或者设计人的非职务发明创造专利申请权和本法规定的其他权益的，由所在单位或者上级主管机关给予行政处分。

第六十六条

管理专利工作的部门不得参与向社会推荐专利产品等经营活动。

管理专利工作的部门违反前款规定的，由其上级机关或者监察机关责令改正，消除影响，有违法收入的予以没收；情节严重的，对直接负责的主管人员和其他直接责任人员依法给予行政处分。

第六十七条

从事专利管理工作的国家机关工作人员以及其他有关国家机关工作人员玩忽职守、滥用职权、徇私舞弊，构成犯罪的，依法追究刑事责任；尚不构成犯罪的，依法给予行政处分。

第七十二条

侵夺发明人或者设计人的非职务发明创造专利申请权和本法规定的其他权益的，由所在单位或者上级主管机关给予行政处分。

第七十三条

管理专利工作的部门不得参与向社会推荐专利产品等经营活动。

管理专利工作的部门违反前款规定的，由其上级机关或者监察机关责令改正，消除影响，有违法收入的予以没收；情节严重的，对直接负责的主管人员和其他直接责任人员依法给予行政处分。

第七十四条

从事专利管理工作的国家机关工作人员以及其他有关国家机关工作人员玩忽职守、滥用职权、徇私舞弊，构成犯罪的，依法追究刑事责任；尚不构成犯罪的，依法给予行政处分。

第八章　附　则

第六十八条
向国务院专利行政部门申请专利和办理其他手续,应当按照规定缴纳费用。

第六十九条
本法自 1985 年 4 月 1 日起施行。

第八章　附　则

第七十五条
向国务院专利行政部门申请专利和办理其他手续,应当按照规定缴纳费用。

第七十六条
本法自 1985 年 4 月 1 日起施行。